1842

Cantagrel, François Jean-Félix

Mettray et Ostwald, étude sur deux colonies agricoles

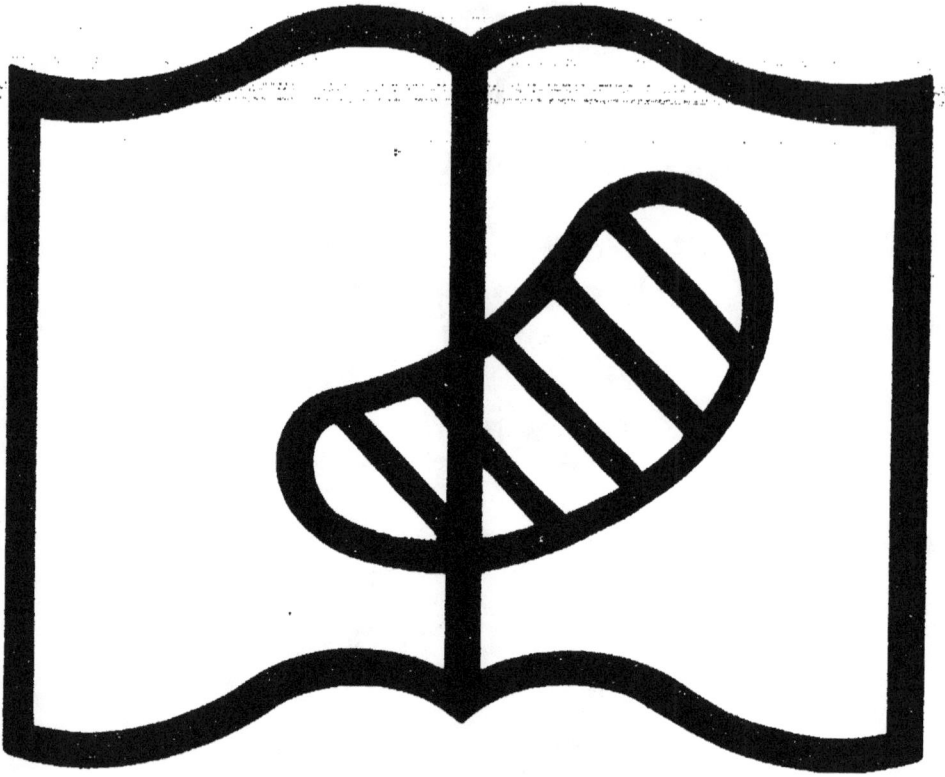

Symbole applicable
pour tout, ou partie
des documents microfilmés

Original illisible

NF Z 43-120-10

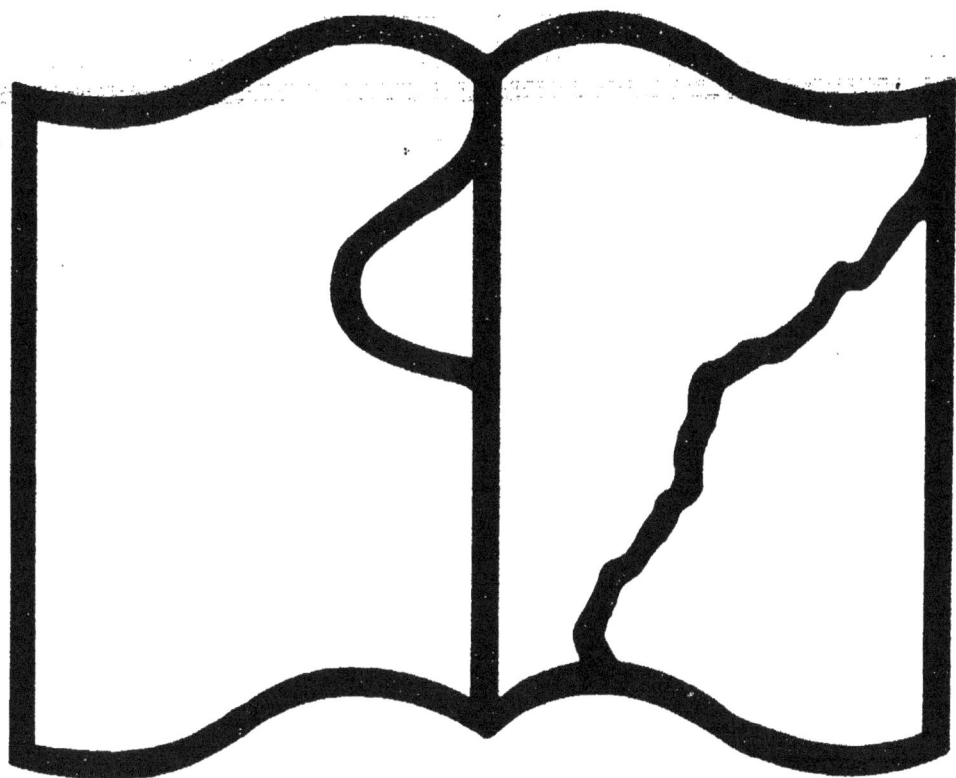

**Symbole applicable
pour tout, ou partie
des documents microfilmés**

Texte détérioré — reliure défectueuse

NF Z 43-120-11

METTRAY

ET

OSTWALD.

ÉTUDE

SUR CES DEUX COLONIES AGRICOLES

PAR

F. CANTAGREL.

Dédié à MM. les fondateurs et souscripteurs de la Société Paternelle,
et à MM. les membres du Conseil municipal de Strasbourg.

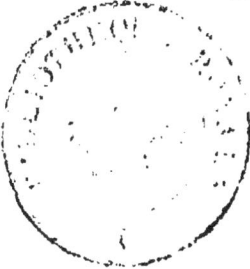

> La conduite de nos enfants prouve qu'ils
> étaient moins coupables en enfreignant des
> devoirs qu'on leur a laissé ignorer, que la
> Société qui négligeait de les instruire.
>
> Ne l'oubliez pas directeurs de Mettray.

5!

PARIS

LIBRAIRIE DE L'ÉCOLE SOCIÉTAIRE,

AU BUREAU DE LA PHALANGE,

RUE DE TOURNON, 6.

1842

30545

IMPRIMÉ CHEZ PAUL RENOUARD
rue Garancière, n. 5.

METTRAY

ET

OSTWALD.

§ 1. Considérations générales.

Cette étude s'adresse aux hommes de cœur qui ne croient pas que tout est pour le mieux dans nos Sociétés modernes, à ceux qui, souffrant des privations de leurs frères et de la pénurie sociale, considèrent que le plus noble emploi des facultés humaines consiste à préparer les éléments de ce mieux que l'Humanité s'efforce de conquérir en vertu d'une aspiration irrésistible et universelle.

Ceux qui pensent que le dernier terme des progrès humains est désormais atteint, comme aussi ceux qui cherchent avant tout, dans un écrit, des discussions frivoles ou de véhémentes diatribes, peuvent donc se dispenser de nous lire.

Nous espérons que l'esprit qui a présidé à notre travail en fera excuser les formes, et nous demandons qu'il nous soit permis d'aborder notre sujet par des considérations générales qui formeront notre préambule.

I.

Toutes les fois qu'une forme de Société, fondée sur des bases imparfaites, penche vers son déclin, elle subit deux nécessités qui semblent s'exclure l'une l'autre, et qui cependant découlent d'un même fait, d'une même situation sociale.

1

D'une part, cette Société s'efforce de maintenir, soit par une surveillance mieux organisée, soit par des mesures législatives plus habilement combinées, son Autorité minée par la critique, entamée par les passions ; d'une autre part, donnant en partie raison à cette critique, elle modifie le caractère de son Autorité dont elle relâche les liens et la force coërcitive en cherchant à améliorer, par des moyens philanthropiques, l'état physique et moral de ceux qu'elle punit, de ceux qu'elle isole de son sein.

Il suffit de consulter l'Histoire pour reconnaître que toutes les Sociétés, aux époques de décadence, obéissent plus ou moins à ces deux tendances contradictoires : tendance à renforcer, au moyen de lois sévères, le principe d'Autorité compromis et menacé ; tendance à se relâcher de la rigueur de ce principe en accueillant, dans l'application de la loi, des maximes d'indulgence, de bienfaisance et d'humanité.

Mais examinons rapidement suivant quelle loi les faits sont successivement générés au sein d'une Société imparfaite, comme la nôtre, par exemple ; et nous verrons si cet examen confirme la théorie qui précède.

Lorsqu'une Société tend à se constituer sur les débris d'une précédente Société tombée en dissolution, elle apporte avec elle une morale, une philosophie, des principes plus ou moins déterminés et qui lui sont propres. Ces principes sont toujours supérieurs, sinon à ceux de la Société précédente, du moins à ce qu'ils étaient devenus en se corrompant avec cette Société. Ainsi l'enfant apporte, en naissant, un principe de vie plus puissant que le principe qui a animé le père, sinon à l'époque de la virilité, du moins au moment de la vieillesse.

Tant que la nouvelle Société grandit, tant que les principes sur lesquels elle s'appuie n'ont passé ni au crible de l'examen ni à celui de l'expérience, pleine de foi en elle-même, imposant cette foi à chacun de ses membres, elle a pour elle le concours général des volontés. Que ces volontés soient fanatiques et aveugles, peu importe ; il n'en est pas moins vrai que, parmi les membres du nouvel ordre social, ceux-là mêmes que repousse, faute de pouvoir les comprendre, le principe nouveau, non-seulement acceptent comme une nécessité ce principe étroit et incomplet, mais encore le soutiennent, sinon par leurs actes, au moins par leur inertie. — S'il est des récalcitrants, ils sont inhumainement torturés, impitoyablement sacrifiés; nul ne songe à les défendre, nul même ne songe à les plaindre.

Cependant la jeune Société grandit, s'étend, se forme; elle arrive à son état d'apogée, elle s'asseoit dans sa force et dans sa plénitude. Déjà, il est vrai, les espérances qu'elle a déçues, les intérêts qu'elle n'a pu satisfaire provoquent contre elle et contre son principe des protestations et même des scissions; mais ces protestations ont peu de retentissement, ces scissions sont peu profondes encore.

A mesure que la Société grandit, de nombreux besoins se développent, les individus s'éclairent, l'esprit d'examen se manifeste, et bientôt la critique apparaît. A mesure que les excitations du luxe s'étendent, que les jouissances se raffinent, les désirs stimulés de toutes parts, et plus irrités que satisfaits, multiplient le nombre des scissionnaires d'autant plus facilement que le principe contre lequel ceux-ci se mettent en révolte est moins respecté, et qu'on lui reproche avec plus de raison de sacrifier une plus grande somme d'intérêts, de droits et de besoins légitimes.

On le voit, nous confondons ici sous la désignation de scissionnaires ceux qui, méconnaissant la nécessité du Sacrifice individuel dans une Société imparfaite, commettent à leur profit des infractions ouvertes ou clandestines aux lois acceptées par le grand nombre, et ceux qui, ne comprenant pas que l'Ordre est la première des nécessités sociales, sapent le principe d'Autorité et provoquent le renversement brutal de l'état de choses que cette Autorité consacre, au lieu de rechercher les moyens d'une transformation pacifique et heureuse de cet état en un état meilleur. Les seconds sont sans doute des scissionnaires plus honorables que les premiers, mais ils n'en sont pas moins des scissionnaires; la loi ne s'y est pas trompée : elle punit les uns et les autres; mais sa règle inflexible n'est pas sanctionnée par les mœurs, qui sont loin d'attacher le même degré d'infamie à des délits punis également par le même Code, à des condamnations rendues par les mêmes tribunaux. Les premiers sont des criminels; les seconds peuvent être d'honnêtes gens. Mais souvent ces derniers sont plus dangereux pour la Société que les autres.

Toutefois, il faudrait bien se garder de confondre avec ceux-ci les hommes qui, comprenant que la Société est mauvaise et doit être *transformée*, et comprenant aussi que l'Ordre, même faux et incomplet, est la première condition du Progrès, exercent sur l'état de la Société une critique scientifique, en constatent les malaises et les vices, et recherchent ou proposent des formes supérieures. Loin de se présenter en scissionnaires, ces hommes sont les plus solides soutiens de la Société, car ils ont ou croient avoir le secret de sa conservation par sa régénération; ils sont les véritables, les seuls conservateurs, car ce n'est qu'en améliorant la Société qu'on peut réduire les attaques dirigées contre elle.

Une Société est d'autant plus solide qu'elle est plus parfaite; ce n'est donc qu'en recherchant la nature et la cause des vices sociaux, et en travaillant avec intelligence et sagesse à les faire disparaître, que l'on peut assurer la conservation de la Société. Aussi, les esprits éclairés comprennent-ils qu'il existe une intime et indissoluble corrélation entre les deux principes de la Conservation et du Progrès de la Société.

Mais reprenons notre examen de la loi du développement des Sociétés imparfaites.

A un moment donné de la vie de ces Sociétés, les scissionnaires deviennent si nombreux que tout le soin des défenseurs de l'Ordre est de réagir contre leurs attaques. Ces attaques, d'ailleurs, changent alors de caractère. D'abord les scissionnaires n'avaient guère réclamé ou ne s'étaient révoltés que contre l'abus que le Pouvoir ou les privilégiés faisaient du principe, contre l'interprétation qu'ils lui donnaient. Maintenant c'est le principe lui-même que l'on suspecte, que

l'on se propose de renverser. Alors l'Autorité a perdu tout
prestige ; elle doute d'elle-même, elle doute de son point de
départ, et, pour se faire respecter, elle se voit contrainte de
recourir à des moyens de répression de plus en plus raffinés.
Mais alors aussi les protestations des scissionnaires de tous
les ordres obligent l'autorité, tout en punissant le coupable,
de chercher à l'amender sous le rapport moral et à le ménager sous le rapport physique. Comment, en effet, la Société
en agirait-elle autrement dans ces époques de décadence où
les principes, autrefois sacrés, ont tellement perdu de leur
force, et les critiques tellement conquis de faveur dans les
esprits, qu'il est telles peines qui, considérées par la loi
comme infamantes, ne portent, dans certains cas, aucune
atteinte à la considération de l'individu ? — En vain voudrait-
on le nier : c'est encore là un des caractères des époques de
décadence sociale.

II.

Nous avons constaté les résultats inévitables du progrès
des lumières et de l'industrie dans les Sociétés imparfaites.
C'est pour n'avoir pas assez approfondi les causes de ces
résultats que les esprits chagrins et superficiels se sont élevés contre les progrès des lumières. Ils ont condamné lé-
gèrement un effet, quand il aurait fallu en interroger la
cause.

Ces lumières qui, dans une Société bien organisée, ten-
draient à l'Ordre, à la stabilité, à la morale, ces mêmes lumières, dans une Société mal construite, produisent le
désordre, l'immoralité, le crime même. Sans doute, ces lu-
mières-là sont imparfaites au même titre que la Société où
elles se sont développées ; sans doute, une science plus complète ramènerait dans le parti de l'Ordre ceux-là mêmes qui
l'attaquent avec le plus d'acharnement ; mais si, au point de
vue absolu, ces lumières produisent un effet subversif et
faux , il n'en est pas moins vrai qu'elles ont raison contre
les vices de l'ordre social.

Oui, les lumières, dans une Société mauvaise, produisent souvent des résultats funestes à cette Société, tout en mettant en honneur des maximes d'humanité, de fraternité, de bienfaisance. Cela est indéniable. Mais de là à condamner absolument les lumières, il y a tout un abîme, et ceux qui formulent cette condamnation impie, comme ceux qui, par sentiment, et malgré l'éloquence des statistiques, soutiennent que l'instruction ne peut produire les effets subversifs qu'on lui attribue, se trompent également, et, chose remarquable! ils se trompent en partant du même point de vue : c'est que les uns et les autres regardent l'état social incomplet où nous vivons, non point comme une forme transitoire qui a ses phases de croissance, son apogée et ses phases de décadence, mais comme le dernier terme du développement de l'Humanité, comme le chemin direct vers la perfectibilité. Combien d'esprits, intelligents d'ailleurs, ont-ils résisté au témoignage de leur raison en face de résultats irrécusables, résultats qu'ils sont conduits à rejeter, parce qu'ils renferment un acte d'accusation contre la Civilisation actuelle, contre cet état de Société que, par une idée préconçue, ils considèrent comme la voie ouverte à tout progrès véritable, tandis qu'elle n'est en effet que le milieu où se produisent tous les genres de cercles vicieux.

Ainsi se trouve vidée, au moyen d'une distinction fort simple, la grande querelle provoquée à propos de la diffusion des lumières. Les adversaires de la diffusion peuvent avoir raison relativement, mais ils ont tort d'une manière absolue. Les lumières ne produisent de mauvais effets que dans les Sociétés mauvaises, et surtout quand ces Sociétés sont arrivées à leur phase de déclin.

Et que l'on ne croie pas que le mot *déclin* emporte ici pour nous, absolument, une mauvaise acception. Non! une Société peut décliner, arriver même jusqu'à la décrépitude, sans que, pour cela, l'Humanité cesse de progresser en elle et par elle. Lorsque, par le fait du relâchement des mœurs, des coutumes de l'État barbare, par exemple, la Barbarie décline, c'est souvent pour s'élever de l'état barbare à l'état

civilisé. Dans ce dernier cas, le déclin n'est que relatif, la décadence n'est qu'un acheminement vers un nouveau progrès.
Ainsi les jantes d'une roue s'élèvent et s'abaissent successivement en décrivant une côurbe assez comparable à certaines évolutions du mouvement social; mais le char marche
toujours, et même le jeu, le mouvement alternatif des jantes
se trouve être la condition du mouvement de la roue et de
la marche du char.

Quant à savoir s'il est bon que les choses se passent ainsi,
c'est un ordre d'idées dans lequel nous ne devons pas nous
engager. Nous n'avons pas à expliquer ici la Loi du Mouvement social. Nous avons constaté comment les faits sociaux
se succèdent; on peut déplorer la loi de succession de ces
faits, on peut en faire l'éloge. Pour nous, nous croyons devoir accepter ce qui nous paraît inévitable. Or, en vertu de
l'aspiration constante de l'homme vers la Vérité, la Liberté
et le Bien, il nous est parfaitement démontré que la forme
sociale tend et doit tendre à devenir, par de successives modifications, assez large et assez parfaite pour que le maintien
de l'Ordre social n'ait plus besoin de l'usage de la coërcition.

§ 2. Origine des systèmes pénitentiaires.

I.

Si ce qui précède a été bien compris, malgré la forme
abstraite et synthétique dont nous nous sommes servi pour
plus de brièveté, et si, jetant un regard sur l'Europe, sur
une partie de l'Amérique et même de l'Asie, nous observons
ce qui se passe au sein des différents empires civilisés,
nous voyons les grands accidents de la vie sociale se ranger
chacun à sa place dans le cadre de notre Théorie, changeant
de caractère selon l'âge et l'état de la Civilisation où ils se
produisent, et marquant ainsi le moment précis de la phase,
soit ascendante, soit descendante, de cette Civilisation.

Mais pour ne considérer ici que les contrées les plus avancées dans cette voie, telles que l'Angleterre, la France, l'Europe centrale, les Etats-Unis d'Amérique, n'y rencontrons-nous pas les différentes expressions, les manifestations diverses de la sénilité sociale? Les lois, les institutions, tout ce qui, dans d'autres temps, était considéré comme la vérité, respecté comme saint, vénéré comme sacré, tout, dans ces Etats, n'est-il pas mis en question? La critique n'y a-t-elle pas conquis droit de cité? Et si les infractions à l'ordre y sont punies avec plus d'exactitude que jamais, quand est-ce que les doctrines de tolérance, d'humanité générale, et surtout d'humanité pour les coupables, ont été proclamées avec plus de chaleur? Quand ces doctrines ont-elles rencontré plus de sympathies qu'aujourd'hui? Depuis vingt ans, qu'y a-t-il de plus commun que les plaidoyers en faveur des prisonniers, des condamnés, des libérés, — plaidoyers prononcés aux Chambres ou devant les tribunaux, plaidoyers en forme de journaux, de brochures, de romans, de poésies, de pièces de théâtre? —Et l'Eglise elle-même ne s'y associe-t-elle pas par des quêtes publiques?....

Au reste, selon la tournure d'esprit propre à chaque nation, les sentiments d'humanité, de charité, ont, en passant dans les faits, revêtu une forme particulière :

En Angleterre, pays d'aristocratie territoriale, où le peuple est compté pour peu de chose, la charité s'est produite sous forme d'aumônes, de taxes, de sociétés philanthropiques, de colonies pénales.

En Amérique, au contraire, pays démocratique, ou l'égalité est dans la loi, sinon dans les mœurs, la charité n'a pas seulement provoqué la création de sociétés philanthropiques; elle a produit des institutions toutes nouvelles. Ce pays est, en quelque sorte, la terre classique des maisons de refuge et des institutions pénitentiaires.

Autant en dirons-nous de la Suisse et même de la Belgique.

En France, où l'on trouve à-la-fois l'élément démocratique et l'élément aristocratique, nous avons les aumônes, les sociétés philanthropiques ; et voilà que nous adoptons les établissements pénitentiaires.

L'influence de ces sociétés, de ces établissements, autant que la propagation des maximes d'humanité, a provoqué des modifications, des adoucissements dans les lois péna-les. Ainsi, en Angleterre, la déportation a, dans presque tous les cas, remplacé la peine de mort; ainsi, l'Amérique a diminué le temps de la détention pour mettre la pénalité en rapport avec les règlements sévères des pénitenciers. Chez nous, l'introduction, dans la loi, des circonstances atténuantes, non-seulement affaiblit la rigueur de la ré-pression, mais, par suite de l'application, peu légale peut-être, qu'en font les jurés dans le plus grand nombre de cas, elle tend à mettre les lois au niveau des mœurs ; et la juris-prudence vient seconder ce mouvement.

Tout en prenant pour sa conservation les soins, les pré-cautions des vieillards, nos Sociétés les plus avancées sont forcées de reconnaître le relâchement progressif de leurs facultés ; se retournant avec inquiétude sur leur lit de dou-leur, elles font appel à de nouveaux remèdes, et, regrettant la vigueur de leurs premières années, elles voudraient, mais en vain, ressaisir la puissance qui leur échappe. La vigueur n'est pas faite pour elles, mais pour les Sociétés qui leur suc-céderont.

Au reste, nous avons tous la conscience de cette situa-tion pénible; chacun de nous sait que notre époque est une époque de transition; chacun reconnaît à notre Société ce caractère transitoire ou de décadence, de décadence rela-tive, bien entendu. Nous n'insisterons donc pas sur ce point. La Société tout entière a le sentiment de sa situation provisoire et précaire. Quand la civilisation romaine dis-parut, il fut permis d'en attribuer la cause aux attaques de l'extérieur, bien que l'état de dissolution intérieure ouvrît seul l'empire aux invasions des Barbares; mais, aujour-d'hui, le mal qui tourmente la France, qui dévore l'Angle-terre, et qui bientôt s'étendra sur toute l'Europe, est mani-festement un mal intérieur, tenant à l'état organique, à l .ge de décomposition des civilisations modernes. Quand l'Ordre a-t-il été plus fréquemment menacé? quand la Société a-t-elle été plus vivement sapée dans sa base? Le Pouvoir n'a-t-il pas besoin d'une myriade d'agents pour assurer, non l'ordre, mais le repos? Et si l'on veut compter les défenseurs officiels de l'ordre public, — depuis le soldat jusqu'au maréchal de France, depuis le simple juge de police jusqu'aux magistrats suprêmes, tous armés du glaive de la loi, enfin, depuis le plus infime porte-clefs jusqu'au bourreau, qui est la sanction de l'autorité actuelle, ou, comme on l'a dit, la clef de voûte de l'édifice social, — on conviendra que la Société se compose en dernière analyse d'une forte minorité d'hommes ou plutôt d'esclaves armés, occupés à contenir une majorité d'esclaves désarmés.

Non, la Société ne peut pas vivre long-temps ainsi; il lui faut une rénovation, il lui faut de nouveaux organes.

Toutefois, en attendant cette rénovation dont elle a le pressentiment, la Société fait bien de venir au secours de ceux de ses membres qui sont le plus dangereusement atteints, de ceux qui ont démérité; et le but qu'elle poursuit depuis vingt ans sous le nom de *réforme des prisons* est digne d'exciter toute la sollicitude des hommes de bien. L'Amérique surtout a fait de grands efforts de ce côté. Le système pénitentiaire y a été expérimenté sur tous les modes; et, même en dehors des pénitenciers, exclusivement réservés aux criminels, les Etats-Unis ont une institution correspondante à celle de la colonie de Mettray, avec laquelle elle a de nombreux points de ressemblance. Nous voulons parler des maisons de refuge pour les enfants, de celle de Boston, par exemple, où l'on retrouve le registre des moralités, l'élection et les condamnations par jurés, enfin les peines graduées depuis la privation du droit électoral jusqu'à l'emprisonnement solitaire.

La France ne pouvait rester spectatrice immobile de ce mouvement. Aussi a-t-elle élevé quelques maisons de détention pour les hommes et même pour les enfants, telles que la prison de la Roquette. Ce n'est pas ici le cas d'examiner

les systèmes mis en pratique et les résultats obtenus dans
ces établissements. Mais, puisqu'on s'occupait d'améliorer
le sort des prisonniers de tous les âges, rien sans doute
n'était plus naturel, plus humain que de songer à rappeler
à la vie sociale ceux qui en étaient exclus par des circonstances presque toujours indépendantes de leur volonté : on
comprend qu'il s'agit ici de ces enfants, bien plus malheureux que coupables, qui, privés de parents ou excités par
eux, et se trouvant en état de mendicité ou de vagabondage
forcé, sont ACQUITTÉS par les tribunaux pour avoir agi *sans
discernement,* et toutefois sont envoyés, aux termes de l'article 66 du code pénal, dans une maison de correction, pour
y être ÉLEVÉS et détenus pendant un nombre d'années déterminé par le jugement.

Qui ne sait qu'au lieu d'être des institutions propres à
l'éducation physique, morale et professionnelle, les prisons
départementales et les maisons centrales qui enferment ces
petits infortunés sont des écoles de vices, de dégradation, de
débauche et d'abrutissement? On y traite ces pauvres enfants comme des condamnés, comme des coupables, quand
au contraire la loi les a absous. Si déjà le régime des prisons
paraît dangereux pour les criminels, quel n'en doit pas
être l'effet sur un âge si propre à recevoir toutes les impres-
sions? Certes, pour excuser ces rigueurs illégales, pour expliquer comment on a pu livrer des êtres si tendres à la
dépravation forcée, on en est forcément réduit à confesser le
dénûment de la Société et son incurie pour tous ses membres.

On le voit donc, un établissement qui permettrait d'ÉLE-
VER ces pauvres enfants, et de remplacer pour eux, autant
que possible, ces soins et cette éducation de la famille dont
ils ont été privés, ne serait pas seulement un établissement
d'humanité, de philanthropie, ce serait encore et avant tout
un moyen de concourir à l'exécution, au vœu de la loi, dont
le but est détourné par le fait de la mauvaise organisation
des maisons de correction. Ce serait, selon l'expression de
M. Demetz, « combler une des plus funestes lacunes de nos
institutions. »

Or, tel est le but immédiat de la colonie de Mettray. Telle est sa raison d'être.

Loin donc que l'établissement de cette colonie soit un fait anomal, c'est tout simplement l'accomplissement d'un devoir légal, la réparation d'un tort grave de la Société envers ses membres les plus malheureux.

Sous un autre point de vue, cet établissement n'est pas l'imitation pure et simple de ceux qui ont été fondés à l'étranger, car la vie en plein air, et le sentiment de liberté qui en résulte, impriment à cet établissement un autre caractère, un caractère si saillant, si capital que l'on peut considérer Mettray comme une institution toute nouvelle.

Mais, il faut le redire, loin d'être avancée dans ce sens, la France est en retard sur beaucoup de pays civilisés. Cela ne doit étonner personne. La France est le pays où l'on parle le plus long-temps des choses, et où l'on diffère le plus d'en tenter l'expérimentation. Autant les Français sont ardents et prompts en paroles, autant ils sont froids et lents à l'exécution.

II.

Et cependant une circonstance particulière à l'état de notre Société était accidentellement favorable à la création d'établissements ayant en vue l'amélioration du sort des prisonniers de tous les ordres.

Grâce à son système de rétrogradation, la Restauration avait donné naissance à l'esprit le plus subversif, le plus aveugle, le plus dangereux des temps modernes, l'esprit d'hostilité systématique, esprit dont les partis et leurs organes étaient tellement imbus qu'il persista après la révolution de juillet. Il faut dire que cet esprit fut entretenu par l'étroitesse d'idées de quelques-uns de nos hommes du Pouvoir, qui, en méconnaissant le besoin du Progrès, ouvrent carrière à toutes les déclamations, à toutes les violences et mettent sans cesse en péril le repos de la Société. — Cette lutte entre l'esprit public et le gouvernement donna lieu, sous la Restauration, à une guerre de plume dont le but ultérieur et constant était le renversement de la branche aînée, et dont la tactique générale reçut une large application dans tout ce qui concernait la réforme des prisons.

Cette réforme était pour toute la Presse libérale un texte continuel d'accusations contre le Pouvoir. Les partis s'en faisaient une arme d'autant plus dangereuse qu'en faisant intervenir adroitement la question d'humanité, ils trouvaient moyen d'intéresser à-la-fois le cœur et l'intelligence de la nation. Aussi fallait-il voir comme les journaux gémissaient, comme ils appelaient la pitié sur le sort de ces pauvres condamnés, de ces pauvres détenus, de ces malheureux dignes en effet de pitié ; et comme toute cette commisération était exploitée contre le gouvernement d'alors !...

Bien aveugle était ce Gouvernement, en effet, car il aurait pu, se tournant vers ses adversaires, les sommer de présenter leurs idées pratiques et de s'entendre sur les moyens propres à produire, sans danger pour la Société, les améliorations qu'ils réclamaient avec tant de fureur, tant de récriminations, tant d'injures. En les mettant ainsi au pied même de la question, le Pouvoir d'alors eût prouvé et sa bonne volonté et le peu de bonne foi de ses ennemis. Au lieu de donner gain de cause aux journaux et aux partis en laissant voir son embarras, son indécision, il eût mis à nu l'embarras, l'indécision de ses adversaires ; il les eût couverts de confusion.

Que firent-ils, ces ardents publicistes, ces chauds philanthropes, ces fervents amis de l'Humanité ? Indiquèrent-ils, proposèrent-ils jamais un système quelconque de réforme des prisons ? Prirent-ils jamais la peine d'étudier la question ? Non ! et quand des hommes studieux, sérieusement occupés de ce difficile problème, publièrent des traités, des brochures, et livrèrent aux journaux le résultat de leurs laborieuses recherches, les journaux firent à peine mention de ces consciencieux travaux, ou s'ils en parlèrent, ce fut en termes tellement vagues, avec une telle incohérence dans les idées, une telle ignorance de la matière, que leurs éloges blessaient presque autant que leurs critiques. C'est qu'il est mille fois plus facile de dénigrer l'Autorité, mille fois plus commode d'imprimer des banalités morales et de faire du sentimentalisme politique, que de descendre au fond des questions et de se livrer à des travaux d'analyse pour donner, sur les choses que l'on discute, un avis sage, pertinent, motivé.

Aussi, lorsque le Pouvoir qui succéda à la Restauration, comprenant qu'il fallait donner satisfaction à l'opinion, nomma des commissions et fit examiner par des hommes spéciaux les différents établissements d'Amérique, de Belgique, de Suisse ; lorsqu'à ces documents se joignirent les travaux des particuliers; enfin, lorsqu'une véritable discussion s'engagea entre les différents systèmes conçus, — qui sous le rapport de l'humanité, — qui sous celui de la moralisation, — qui en vue des individus, — qui en vue de la Société, de l'Ordre, de la Religion, etc., les journaux se turent, et ils firent bien. L'heure était passée de leur action dissolvante; ils ne pouvaient plus attaquer le Pouvoir au sujet de la réforme des prisons; le Pouvoir semblait avoir pris cette réforme sous sa protection. Il s'agissait désormais de choses pratiques et de débats sérieux : les journaux n'avaient donc plus rien à faire ; et comme les sujets d'attaque ne manquent jamais contre des ministres qui n'ont pas le sentiment vrai de la situation, les journaux se rabattirent sur d'autres sujets.

Au reste, une simple remarque suffira pour donner la mesure de l'incompétence, de l'inconsistance des journaux en cette matière comme en tant d'autres : c'est que le mouvement accéléré par leur polémique, ce mouvement qui avait pris pour point de départ absolu les sentiments d'humanité envers les condamnés, a abouti à des essais du système le plus inhumain, — le système cellulaire. Soit que ce système ait eu pour objet le mode de translation des condamnés, soit qu'il ait été appliqué à la disposition intérieure des quelques maisons de détention exécutées ou en cours d'exécution, il n'en est pas moins vrai que l'administration l'a généralement adopté, ou plutôt l'a imité, oubliant (comme font la plupart des imitateurs) la condition fon-

damentale attachée à ce système, qui veut que la législation
pénale soit entièrement modifiée et mise en rapport avec
le nouveau mode de détention. Il en résulte, de la part du
Pouvoir, une odieuse illégalité. Eh bien ! tout cela a eu lieu
sans que la Presse s'en émût le moins du monde, sans qu'elle
y songeât, sans qu'elle le sût, peut-être, hormis par les débats qui ont eu lieu dernièrement à la Chambre des Députés.

Et aujourd'hui que des établissements conçus, exécutés,
fonctionnant en conformité avec la pensée fondamentale de
tout ce mouvement ; aujourd'hui que des établissements,
comme la colonie de Mettray ou celle d'Ostwald, sont dus
à l'honorable initiative de quelques hommes généreux (à
défaut de l'initiative du Pouvoir qui n'a plus, hélas ! d'initiative en rien); loin de porter leur investigation sur ces objets
si pleins d'intérêt , les journaux laissent ignorer au public
l'existence de ces établissements (1), de ces généreux essais ;
ou, s'ils en parlent (car quelques-uns ont parlé de Mettray),
c'est pour en faire, comme ils font à propos de tout, un éloge
banal. Quant à une analyse, quant à des considérations prou-
vant qu'ils comprennent le lien qui unit ces établissements
à la question de la réforme générale de la Société, jamais rien
de tel ne se voit dans leurs colonnes. C'est qu'en effet, ils ne
se doutent pas de l'existence de ce lien. Aussi ne sait-on pas
plus à quoi s'en tenir avant qu'après les avoir lus.

---

(1) La justice nous oblige à faire une réserve en faveur d'une partie
de la Presse départementale. Il y a deux sortes de journaux de départe-
ment : ceux qui se font comme on dit, avec des ciseaux, c'est-à-dire, qui
se bornent à reproduire l'opinion des journaux de Paris dont ils reçoivent
servilement le mot d'ordre, et ceux qui ont une rédaction indépendante,
une politique propre. Ces derniers, étant généralement étrangers aux in-
trigues politiques dont la capitale est le théâtre, et désintéressés dans les
questions de personnes, publient souvent des articles pleins de sagesse et
de profondeur, comme on en chercherait en vain dans la Presse pari-
sienne. Ces journaux-là ont presque tous donné des témoignages de
sympathie pour la colonie de Mettray et même pour celle d'Ostwald, dont
ils ont cherché à faire comprendre la valeur.

Toutefois reconnaissons que le mouvement qu'ils ont
déterminé a beaucoup hâté la question pénitentiaire, et,
partant, n'est pas tout-à-fait étranger à la création de la
colonie de Mettray.

Mais il est temps de parler plus amplement de cette colonie.

§ 3. État actuel de la Colonie de Mettray.

Nous avons dit quel est le but immédiat de la colonie de
Mettray. Ce but est défini d'une manière précise par l'article 1er des statuts de la SOCIÉTÉ PATERNELLE, fondée à Paris sous la présidence de M. le comte de Gasparin, pair de
France. — Voici cet article :

« La Société paternelle a pour but :
» 1° D'exercer une tutelle bienveillante sur les enfants ac-
» quittés comme ayant agi sans discernement, qui lui se-
» raient confiés par l'administration, en exécution de l'ins-
» truction ministérielle du 3 décembre 1832 ; de procurer à
» ces enfants, mis en état de liberté provisoire et recueillis
» dans une Colonie agricole, l'éducation morale et reli-
» gieuse, ainsi que l'instruction primaire élémentaire ; de
» leur faire apprendre un métier ; de les accoutumer aux
» travaux de l'agriculture, et de les placer ensuite, à la cam-
» pagne, chez des artisans ou des cultivateurs ;
» 2° De surveiller la conduite de ces enfants, et de les ai-
» der de son patronage pendant trois années après leur
» sortie de la Colonie. »

Pour montrer comment a été exécutée cette disposition,
nous ne pouvons mieux faire que d'extraire quelques pas-
sages des rapports des directeurs, où l'histoire des premiers
développements de Mettray est présentée avec une grande
simplicité, et avec une exactitude dont a pu s'assurer qui-

conque a visité la colonie. Ces citations, dont nous regrettons d'être obligé de restreindre l'étendue, permettront,
nous n'en doutons pas, de suivre dans leurs progrès, et la
colonie et la pensée même des directeurs.

Le premier des trois rapports publiés jusqu'à ce jour est
signé de M. Demetz, conseiller honoraire à la Cour royale de
Paris, vice-président de la *Société paternelle*, et auteur d'un
ouvrage sur les pénitenciers d'Amérique. C'est à M. Demetz
qu'appartient la première idée de l'établissement en question. Les deux autres rapports sont signés de M. Demetz et
de M. le vicomte de Brétignières de Courteilles, qui a fourni
le terrain de l'expérimentation. Chacun de ces rapports a
été lu en présence des fondateurs, réunis en assemblée générale, à Paris.

EXTRAIT DU RAPPORT DU 7 JUIN 1840.

C'est en juin 1839 que la Société paternelle a publié son programme,
et qu'elle a choisi pour établir sa Colonie la commune de Mettray, près de
Tours, où M. le vicomte Brétignières de Courteilles lui a fait offre d'une
propriété qui réunit toutes les avantages désirables. A partir de ce moment,
nous nous sommes dévoués de concert tous les deux au succès de votre
œuvre.

Notre but était d'enlever les jeunes détenus au régime des prisons, et
de substituer pour eux au système des murailles celui de la liberté avec
le travail des champs. Il fallait conduire par la persuasion, la justice et la
bonne volonté, en les soumettant à la discipline la plus rigoureuse, des
êtres privés depuis leur enfance de tout principe et de toute éducation,
et sans autre frein jusqu'à ce jour que celui de la force brutale; il fallait, en
un mot, rendre bons, laborieux et utiles des enfants vagabonds, ignorants
et dangereux; tel était le problème *dont la solution ne pouvait s'obtenir
par des moyens ordinaires.*

Pour retenir auprès de nous les premiers colons, pour les attacher à
notre institution, nous avons commencé par créer une *école de jeunes
contre-maîtres*, qui pût nous fournir des agents dévoués et capables, qu'il
est si difficile de trouver en France; nous nous sommes efforcés de les

2

pénétrer de l'esprit qui nous anime, afin qu'ils puissent le communiquer aux autres et leur donner un bon exemple.

Il était indispensable que nous pussions présenter au pays, qui redoutait le voisinage et la concurrence de nos colons, une réunion d'enfants inoffensifs et bien disciplinés. Nous avons ainsi dissipé l'inquiétude et la malveillance, et nous avons conquis la confiance de nos concitoyens.

C'est le 28 juillet 1839 qu'a été ouverte l'école des contre-maîtres, composée de 23 élèves, parmi lesquels nous en avons déjà pu choisir plusieurs, qui sont actuellement en fonctions dans la Colonie.

En même temps que nous installions cette école, nous nous occupions d'élever près d'elle, au milieu des champs, les habitations de nos colons, dont nous allons vous faire connaître la distribution.

Les maisons sont séparées les unes des autres ; chacune d'elles a 12 mètres de longueur sur 6 mètres 66 centimètres, et se compose d'un rez-de-chaussée et de deux étages. La pièce du rez-de-chaussée, destinée à recevoir les colons lorsqu'ils ne sont pas occupés aux travaux des champs, est divisée en quatre ateliers par une cloison d'un mètre 75 centimètres de hauteur, qui par son peu d'élévation permet au surveillant, placé au centre, d'inspecter chacune de ces divisions, sans que les enfants puissent communiquer d'un atelier à l'autre, ni même se voir lorsqu'ils sont assis, cette cloison laissant libre tout l'espace supérieur a l'avantage de maintenir la même température dans les ateliers, quelle que soit la différence du nombre d'enfants qui travaillent dans chacune de ces divisions.

Au premier étage se trouve un dortoir pouvant contenir vingt enfants; les hamacs dans lesquels ils couchent sont disposés de telle sorte que la surveillance est facile pendant la nuit, et que, repliés pendant le jour le long du mur, ils laissent la pièce libre : ils sont rangés parallèlement, mais en sens inverse l'un de l'autre, ce qui rend impossible toute conversation, même à voix basse, et permet de les tenir plus rapprochés sans qu'il en résulte d'inconvénients.

Des planches fixées à des poteaux par des charnières s'abattent à volonté et forment table dans toute la longueur de la pièce qui sert alors de réfectoire. Lorsque ces tables sont dressées le long des poteaux, et les hamacs repliés le long des murs, on a une vaste salle où, dans les temps de pluie, les jeunes colons peuvent se livrer à diverses occupations en restant soumis à une surveillance continue. Une petite chambre en forme d'alcôve, avançant dans la pièce principale, et dont la devanture est garnie de lames de persiennes, permet d'observer sans être vu ; c'est dans cette chambre de surveillance que couche le *Chef de famille*; et comme on ne peut savoir s'il est ou non endormi, il n'y a pas un seul instant où les enfants ne puissent craindre d'être observés.

Le second étage est disposé de la même manière et peut également recevoir vingt colons. La surveillance de nuit se fait dans chaque dortoir par deux contre-maîtres qui font successivement le quart, jusqu'au jour.

Chaque maison renferme ainsi quarante enfants, divisés en deux sections et formant une famille, commandée par un chef qui a sous ses ordres deux contre-maîtres. On a fait choix, dans chacune de ces sections, d'un colon qui, sous le titre de *frère aîné*, seconde ses chefs dans la surveillance de ses camarades. Ses fonctions durent un mois.

Chacune de ces maisons, contenant quarante-trois personnes, a coûté, *y compris le mobilier*, 8,300 francs, ce qui fait pour chaque colon 193 francs, et pour le loyer annuel de chacun d'eux 9 francs 65 centimes. Les quatre premières maisons sont entièrement achevées; elles s'élèvent à 10 mètres de distance l'une de l'autre, et sont réunies entre elles par des hangards offrant les dépendances et les abris nécessaires aux besoins de l'établissement.

La quatrième maison renferme, au rez-de-chaussée, *six cellules de punition*: au premier étage, un cabinet pour le directeur, les logements et les bureaux de l'agent comptable, du caissier, de l'agent agricole; au second, des chambres de contre-maîtres.

Nous avons apporté le plus grand soin dans le choix de nos premiers colons; nous avons voulu que l'admission à la Colonie devînt une récompense et un moyen d'émulation dans les maisons centrales.

En dix mois, Messieurs, nous avons construit des bâtiments pouvant contenir cent vingt enfants dont *quatre-vingt-deux* sont déjà installés avec tous les fonctionnaires et les agents nécessaires à leur direction; nous avons réuni tous nos efforts sur ces premiers colons, pour gagner leur confiance et leur affection; jusqu'à ce jour, ils ont su répondre à nos soins, de manière à nous rassurer pour leur avenir.

Nous avons déjà fait exécuter à ces enfants de nombreux travaux de culture et de terrassement. Ils ont fait nos chemins d'arrivée, un jardin d'étude pour les céréales et les plantes officinales, des jardins potagers, des plantations de mûriers, d'osiers et d'arbres fruitiers. Nous faisons cette année sept onces de vers-à-soie. Nous employons aussi nos enfants au nivellement de leurs cours et à la construction de leurs habitations. Ces occupations

2.

ont l'avantage d'exciter en eux un sentiment d'intérêt pour le lieu où ils ont été recueillis, et de les attacher au sol de la Colonie.

Presque tous ces enfants étaient employés dans les maisons centrales à faire de la rouennerie, et par conséquent toujours courbés sur des métiers entassés dans des lieux humides. Cette occupation avait tellement affaibli leurs forces, qu'au début la plupart d'entre eux avaient peine à supporter la moindre fatigue. Nous avons créé pour les plus faibles, et pour ceux qui ont des aptitudes bien prononcées, des ateliers de tailleurs, cordonniers, cordiers, tresseurs de paille, menuisiers et forgerons. Tous les produits de ces ateliers sont indispensables aux besoins de la Colonie qui doit toujours se suffire à elle-même et produire ce qui lui est nécessaire.

Il s'opère chez tous ces enfants, depuis leur arrivée à Mettray, un changement remarquable, non-seulement dans leur conduite, mais dans leur physionomie qui perd l'expression morne et défiante de la prison, et prend un air de confiance et de satisfaction. Ils sont attentifs et dociles en classe, quelques-uns font même pour l'instruction des progrès rapides ; mais chez beaucoup d'entre eux l'ignorance est si complète et l'intelligence est si peu développée qu'ils ont pu mal agir sans avoir la conscience de ce qu'ils faisaient ; instruire ceux-là, c'est les corriger.

Les colons n'ont que deux heures et demie de classe par jour. Ce temps, consacré au développement de leur intelligence, est encore un temps de repos indispensable à leur corps. On leur enseigne la morale, la religion, la lecture, l'écriture, le calcul, le système légal des poids et mesures, le dessin linéaire, et le chant en commun qui est un puissant moyen d'ordre et de moralisation ; nous avons déjà remarqué son heureuse influence sur les sujets les plus grossiers.

Tout notre système d'éducation est proportionné aux conditions que nos enfants doivent occuper un jour dans le monde. Ils savent qu'ils sont destinés à gagner leur vie à la sueur de leur front et que le travail est tout leur avenir.

Nous avons pensé qu'un des meilleurs moyens de leur rendre l'estime d'eux-mêmes, était de leur donner pour surveillants immédiats les *frères aînés* choisis parmi eux. Nous voulons ainsi leur rappeler la vie de famille, et remplacer, par des relations fraternelles et toutes de confiance, les habitudes des prisons dont l'influence se fait encore sentir ici. L'*association des détenus* est puissante ; le secret qu'ils se jurent est si scrupuleusement gardé, qu'il est toujours difficile de connaître l'auteur d'un délit, à moins qu'il ne se nomme lui-même. Nous avons néanmoins triomphé plusieurs fois de l'opiniâtreté de nos enfants sur ce point, en provoquant leurs aveux par la justice et la persuasion. La paresse est un défaut difficile à vaincre chez eux; le silence et la propreté n'ont pu s'obtenir qu'avec des punitions réitérées; *deux seulement ont témoigné le regret d'avoir quitté les maisons d'arrêt* dont ils regrettaient l'oisiveté. Nous parviendrons à les rendre laborieux en les appliquant à des TRAVAUX VARIÉS, et en leur en faisant comprendre l'utilité.

Beaucoup sont arrivés ici atteints de maladies scrofuleuses et scorbutiques invétérées; mais le bon air, le travail des champs et les soins hygiéniques habilement dirigés par le docteur Morand, médecin de la Colonie, ont déjà réagi d'une manière si heureuse sur la constitution de plusieurs d'entre eux, que nous nous félicitons maintenant de pouvoir être doublement utiles à ces enfants et à la société en lui rendant, au lieu d'êtres débiles et corrompus, des hommes honnêtes et robustes.

Le procès-verbal de chacune de nos journées se trouve consigné, pour ainsi dire, heure par heure, sur le journal tenu dans chaque famille par le premier contre-maître. Tout est minutieusement et scrupuleusement inscrit sur ce registre, dont nous envoyons tous les mois une copie au conseil d'administration. Toute l'histoire de la Colonie est là. Le relevé des punitions et des récompenses est fait à la fin de chaque mois; il indique le nombre et la nature des fautes, les noms des coupables, et les noms de ceux qui n'ont pas encouru de reproches; on peut ainsi comparer chaque mois la conduite des colons et se rendre compte de leurs progrès.

Notre règlement est sévère et rigoureusement observé. Pour la nourriture, le vêtement, le coucher, les enfants n'ont que le strict nécessaire; il faut que chacun exécute sa tâche avec exactitude et soumission. La moindre faute est punie. Nous n'avons pas de clôture cependant, et la pensée d'une évasion n'est pas venue à un seul de nos enfants, même au sortir de la cellule, où plusieurs d'entre eux ont subi dix et quinze jours de détention au pain et à l'eau. Un enfant, irrité par une peine rigoureuse, pourrait être tenté de reconquérir pour un instant sa liberté; l'épreuve était décisive; elle a si complètement réussi, que non-seulement nos enfants n'ont pas fui, mais qu'ils ont respecté la discipline de la maison et qu'ils sont devenus meilleurs.

C'est que la justice est un de nos puissants moyens d'action.

Pour en donner une preuve et pour nous donner à nous-mêmes une garantie, nous faisons juger tous les délits un peu graves par un tribunal composé de colons choisis par nous sur le tableau de la bonne conduite. Nous ne nous réservons que le droit d'adoucir les arrêts qui pourraient être trop sévères.

Les résultats obtenus jusqu'à ce jour nous permettent, Messieurs, d'appeler de nouveau sur nos enfants tout votre intérêt; nous pouvons vous affirmer qu'ils s'en rendront dignes. N'oubliez pas que nous travaillons pour ouvrir un asile à *trois cents* détenus, et que nous n'avons encore élevé que le tiers de nos constructions. Nos bâtiments agricoles ne sont pas encore commencés, et cependant ils nous seront indispensables dans le cours de l'année prochaine. D'autres dépendances nous deviendront également nécessaires. . . . .

Nous ne doutons pas qu'une fois les frais de premier établissement couverts, la colonie ne puisse se suffire à elle-même en recevant du gouvernement ce que lui coûtent maintenant les jeunes détenus dans les maisons centrales, dépense dont il se trouvera exonéré par le transfèrement de cette population dans la colonie.

Le gouvernement du Roi, dans sa sollicitude pour le bien du pays, veut améliorer les prisons; espérons que l'administration soutiendra et protègera de plus en plus un établissement qui fournit à la question de la réforme un bon argument de plus, et qui rend service à l'humanité et à la *société tout entière.*

EXTRAIT DU RAPPORT DU 20 MAI 1841.

Il résulte, des renseignements que nous nous sommes procurés, et des interrogatoires que nous faisons subir à ces enfants lors de leur admission à la Colonie, qu'un grand nombre d'entre eux, dès l'âge le plus tendre, avaient l'habitude de mendier leur pain, qu'ils étaient mal vêtus, mal nourris, et privés de toute espèce de soins de la part de leurs parents, qui faisaient de la misère de ces pauvres créatures un objet de spéculation, et les employaient souvent comme instruments des vols qu'ils les excitaient à commettre. Les tribunaux, tout en déclarant que ces enfants ont agi sans discernement, les ont traités encore avec une grande sévérité, car on pourrait dire qu'ils ont agi forcément, puisqu'ils n'ont fait que céder à la menace ou à l'impérieuse loi du besoin.

Toutefois, nous devons le dire, il s'en trouve, dans le nombre, d'une perversité précoce, et qui, s'ils n'étaient pas corrigés à temps, deviendraient infailliblement de grands criminels.

Notre premier soin, à l'arrivée de nos colons, est d'étudier leur caractère, pour nous rendre compte du régime qu'il convient de leur appliquer.

Il est indispensable, si l'on veut agir sur leur esprit d'une manière efficace, de les convaincre qu'ils ont été amenés à la Colonie, non-seulement pour leur intérêt présent, mais encore pour leur avantage à venir,..... Il faut enfin réveiller dans leurs cœurs les sentiments de justice et de religion, sans lesquels il n'est point de conversion possible.

L'état physique de ces pauvres enfants n'est pas le moindre des sujets de notre sollicitude, et souvent de notre embarras; la plupart ont puisé la vie à des sources tellement impures, que leur sang était déjà vicié à leur naissance, et le régime auquel ils avaient été soumis n'avait fait qu'aggraver cette prédisposition funeste. Ceux que nous avons reçus jusqu'à ce jour, étaient presque tous lymphatiques ou scrofuleux, à un degré plus ou moins prononcé.

Nous ne négligeons aucun des moyens qui peuvent contribuer à fortifier la constitution de nos colons. Ainsi, cet hiver, à l'exception d'un très petit nombre de jours où le froid a été excessif, ils ont constamment travaillé à une carrière qui se trouve près de la Colonie, vêtus de toile grossière, les pieds nus dans leurs sabots.

L'uniforme qu'ils portent est d'une extrême simplicité, et confectionné de manière à leur laisser la plus grande liberté d'action, et à favoriser ainsi le développement de leurs forces. Sans avoir rien de singulier, il est cependant assez remarquable pour signaler nos colons à l'attention publique en cas d'évasion, car il ne faut pas perdre de vue, Messieurs, que nos enfants jouissent d'une entière liberté; nous avons voulu, en écartant toutes les précautions qui pourraient leur rappeler le souvenir de la prison, les pénétrer profondément de cette idée, qu'à la Colonie ils commencent une vie nouvelle, où la persuasion a remplacé la contrainte.....

Mettre les membres de chacune de ces sections ou familles en demeure de pourvoir à tous leurs besoins, de construire, en partie par eux-mêmes, l'habitation commune, de cultiver le champ et le jardin qui en dépendent, c'était leur donner en outre l'habitude et le besoin de la propriété, l'amour du foyer domestique, et les familiariser avec les sentiments et les devoirs qui en découlent. Il était donc impossible de trouver une plus heureuse combinaison pour relever et réhabiliter aux yeux du monde, comme à leurs propres yeux, de pauvres enfants arrachés au vice, et en faire des hommes utiles et des citoyens honnêtes.

Toutefois, *l'organisation du travail* chez nous n'a pas encore reçu le développement que *nous nous proposons* de lui donner. Mais avant de songer à faire de nos colons des ouvriers habiles, il était de notre devoir et même de notre intérêt bien entendu, de commencer par les rendre honnêtes et dociles. La question morale devait être résolue la première.

Grâce au sol que nous avons choisi, nous pouvons espérer que la Colonie pourra un jour produire tout ce qui est nécessaire à sa consommation.

Un chef de travaux agricoles dirige la culture pratique, et s'occupe de faire un cours d'agronomie à la portée de nos colons. Chaque atelier de cultivateurs se compose de douze colons conduits par un contre-maître agricole, c'est-à-dire par de bons jardiniers, vignerons, cultivateurs, terrassiers, enseignant aux enfants qu'ils surveillent les bons principes de la main-d'œuvre et le maniement des outils.

Il n'y a pas de domestique de ferme dans l'exploitation; ce sont les colons qui font tout le service.

Nous nous félicitons tous les jours d'avoir fondé la Colonie sur un terrain nu, et de n'avoir point été obligés de plier notre système à des dispositions préexistantes, ce qui nous a laissé toute liberté d'action. On a dit souvent, à l'occasion de nos anciennes prisons dont la mauvaise distribution exerce une si fâcheuse influence, que les pierres faisaient la loi, et cela n'est malheureusement que trop vrai.

Nous avons déjà six maisons construites; quatre d'entre elles, pouvant contenir chacune 43 personnes, sont destinées aux colons.

La sixième maison est occupée par l'aumônier.

La munificence de M. le comte d'Ourches est venue mettre fin à tous les embarras que nous éprouvions, en nous permettant d'élever tout à-la-fois une classe et une chapelle; nous ne savons en quels termes remercier ce généreux bienfaiteur, et nous sommes heureux de lui payer ici publiquement un juste tribut de reconnaissance.

Le comte Léon d'Ourches, après nous avoir accordé une première fois une somme de 10,000 fr., vient récemment de nous gratifier d'un nouveau don de 130,000 fr.

Grâce à notre institution, ces enfants, perdus pour le pays, pourront acquitter leur dette, et seront également propres à défendre le sol de la patrie, comme à le fertiliser. Ils feront d'autant mieux de bons soldats qu'ils auront été de bonne heure façonnés au joug de la discipline, et que, pour la plupart, vifs, hardis, entreprenants, la vie aventureuse a pour eux un attrait irrésistible. N'oublions pas que les vainqueurs de Mazagran provenaient pour la plupart de nos bataillons de discipline.

Mais, il faut le reconnaître, ce goût pour une existence aventureuse, qui offre de grands avantages pour la vie des camps, rend nos enfants plus difficiles à se plier aux habitudes régulières de nos travaux, où chaque chose se fait à son temps et de la même manière; aussi demandent-ils souvent à changer d'état. Cet *amour du changement* entraîne de nombreuses punitions, mais nous devons le *combattre à tout prix*, car il exercerait la plus fâcheuse influence sur l'avenir de nos enfants.

Le penchant au vagabondage était, dans la condition où nous nous trouvons placés, celui qui devait nous inspirer le plus de crainte, et cependant nous sommes heureux d'avoir à vous apprendre que *trois tentatives* d'évasion seulement ont eu lieu, et qu'aucune n'a réussi. Ces fugitifs ont été le jour même ou le lendemain au plus tard ramenés à la Colonie.

Deux de ces fugitifs ont été, sur notre demande, reconduits immédiatement de la Colonie à la prison; le troisième, qui avait renoncé à son projet presque aussitôt après l'avoir conçu, nous a paru digne d'indulgence. Nous avons consenti à le garder, mais en le soumettant à trois mois de cellule auxquels il fut condamné par ses camarades.

Les punitions infligées à la Colonie sont : la radiation du tableau d'honneur, la retenue, la corvée, le pain noir et l'eau, la cellule claire, et enfin la cellule obscure.

Nous avons recours, avant de prononcer aucune de ces punitions, à une mesure préalable dont nous avons trop à nous féliciter pour ne pas vous en rendre compte.

Nos contre-maîtres ont ordre lorsqu'ils ont à se plaindre d'un enfant, de l'envoyer au parloir qui est notre salle de dépôt (nous avons voulu éviter toute dénomination qui rappelât la prison à l'esprit de nos enfants). La mise au parloir ne préjuge rien; aussi nos colons s'y rendent volontiers. Aussitôt qu'un enfant a nécessité l'application de cette mesure, on vient de suite nous prévenir; nous avons le temps de consulter ses antécédents, de faire une enquête, si le cas l'exige.

Pendant ce délai, le coupable se recueille, le contre-maître se calme, nous pouvons réfléchir, nous concerter entre nous, et notre décision prononcée avec connaissance de cause et de sang-froid, nous assure que bonne et paternelle justice est faite.

Plusieurs des jeunes détenus que nous avons reçus directement des prisons d'arrondissement, où le travail n'est point organisé, où les détenus et surtout les enfants font à-peu-près ce qu'ils veulent, *demandent à y être renvoyés.* Pendant les grands froids, quelques-uns regrettaient même la maison centrale où au lieu de travailler dehors, exposés aux intempéries de la saison, ils étaient enfermés dans des ateliers bien chauffés, n'ayant d'autres outils qu'une navette dans les mains.

On peut juger combien de telles demandes sont embarrassantes pour nous qui désirons que l'admission à Mettray soit considérée comme une faveur et une récompense; au surplus, cela doit rassurer les personnes qui craignent que la discipline ne soit pas assez rigoureuse chez nous.

Nous n'atteindrions donc pas notre but, *si le régime des prisons n'était d'une sévérité qui pût faire craindre d'y être réintégré,* en un mot, si l'*emprisonnement individuel* n'était l'épreuve indispensable par où dussent passer les jeunes détenus qu'on envoie à la Colonie.

Peut-être pensera-t-on que ces explications eussent dû trouver plutôt leur place dans un traité sur le système pénitentiaire que dans un rapport sur la Colonie de Mettray, mais notre institution se rattache si intimement à ce système, et elle en est le complément si nécessaire, que ces réflexions rentraient naturellement dans notre sujet. Félicitons-nous, Messieurs, de ce que, au moment où l'opinion publique hésite encore sur les meilleurs moyens d'opérer la réforme des prisons, la société paternelle marche sans relâche vers le but qu'elle s'est proposé d'atteindre, de manière à pouvoir offrir au pays le résultat de son expérience.

La fondation de la Colonie de Mettray n'était donc pas seulement une institution désirable, c'était un devoir impérieux à remplir, une lacune à combler dans l'organisation de la justice, une réparation envers la classe la plus faible et la plus malheureuse de la société.

Nous ne doutons pas que l'exemple donné par les personnes qui ont bien voulu jusqu'à ce jour se charger du patronage de nos enfants, ne trouve des imitateurs. Si on veut que le bienfait du séjour à la Colonie se perpétue, il faut que l'on prenne quelque soin d'eux après leur libération. Qui pourrait nous refuser une coopération aussi utile?

EXTRAIT DU RAPPORT DU 23 JANVIER 1842.

Tout en redoublant de surveillance et de sévérité, nous avons su nous attirer les jeunes colons et nos agents; quant à ces derniers, rien ne les attache à Mettray que la conviction, l'amour du bien, l'honneur de concourir à une bonne œuvre.

Pas un colon n'a manqué à l'appel, pendant le cours de l'année 1841.

Dans la Colonie, la conduite a été bonne, meilleure même que nous ne devions nous y attendre, vous en pourrez juger par la lecture des journaux tenus dans chaque famille; il résulte du relevé de ces livres de moralité, qu'au mois de janvier 1841, la moitié de nos enfants n'avait encouru aucune punition; en février, mars, avril et mai, les deux tiers; en juin, juillet, août, septembre et octobre les trois quarts; en novembre et décembre les quatre cinquièmes. Voilà des chiffres positifs et bien rassurants.

Nous avions foi dans notre œuvre, Messieurs, quand nous vous avons proposé de vous y associer, mais nous n'espérions pas obtenir aussitôt de si bons effets. La conduite de nos enfants prouve qu'*ils étaient moins coupables, en enfreignant des devoirs qu'on leur avait laissé ignorer, que la société qui négligeait de les instruire.* Il suffisait de leur tendre une main ferme et secourable pour qu'ils revinssent à des sentiments meilleurs.

A la Colonie, les braves sont ceux qui figurent au tableau d'honneur, où l'on n'est admis que lorsqu'on n'a encouru pendant trois mois aucune punition.

On compte sur ce tableau 65 noms: 5 y figurent pour la 2ᵉ fois, 14 pour la 3ᵉ, 6 pour la 4ᵉ, 9 pour la 5ᵉ, 7 pour la 6ᵉ; ce qui prouve que ces enfants n'ont mérité aucune punition pendant 6, 9, 15 et 18 mois.

Quatre noms sont rayés, ils appartiennent à ceux qui ont commis une faute pendant le cours du trimestre.

Ces résultats sont d'autant plus satisfaisants, que les nécessités de notre existence agricole nous obligent à laisser à nos travailleurs une latitude, une liberté dont les étrangers qui viennent nous visiter paraissent surpris. Aucun colon n'abuse de cette possibilité de mal faire, parce que tous sont responsables, et que les enfants d'une même famille voient d'un très mauvais œil celui dont l'inconduite compromet leur réputation.

Nous sommes loin de croire que nous ayons fait des *choses extraordinaires*; nous n'avons point en recours à des *théories savantes*; nous n'avons point imaginé de *nouveaux systèmes*, ni de *bizarres combinaisons*; on n'invente rien en morale, heureux seulement qui peut trouver *les meilleurs moyens de la rendre praticable!* C'est l'Evangile à la main que nous élevons nos enfants. Notre système consiste à employer tous les instants, à faire valoir toutes les circonstances, à profiter des faits les plus simples pour en tirer un salutaire enseignement, ou pour en faire ressortir une utile moralité. Le meilleur moyen d'éviter de graves délits, c'est de punir très sévèrement les fautes les plus légères : un mot inutile est réprimé chez nous. Quelques personnes ont remarqué l'extrème propreté qui règne à Mettray ; on ne peut trop exiger sous ce rapport, et l'on peut dire sans exagération que si le peuple avait les mains plus propres, il les aurait plus pures.

Tous les enfants, comme tous les hommes, ont un bon côté par lequel on peut les saisir, par lequel on peut les toucher et les retenir ; il suffit de le chercher et de l'étudier pour le reconnaître et s'en emparer, à la condition d'attaquer l'individu corps à corps.

Nous avons senti la nécessité de joindre au mode mutuel qui instruit les masses, le mode simultané, appliqué à un plus petit nombre d'enfants par des instituteurs moraux, dévoués, capables.

Nous avons divisé notre population pour l'enseignement primaire, comme nous l'avons divisée pour tous les autres travaux et les autres devoirs. L'organisation de la Colonie et toute sa puissance réformatrice reposent, nous ne pouvons trop le redire, sur l'établissement de nos familles: tout ce qui nous ramène à cette base, complète notre système.

Nous avons trouvé moyen de concilier les avantages de l'enseignement général et de l'enseignement particulier, en faisant faire les leçons dans chaque chambrée par les chefs et sous-chefs de famille. Depuis l'adoption de cette mesure, nos progrès sous le double rapport de l'instruction et de l'éducation sont immenses. La bonne volonté, la tranquillité, l'émulation, ont doublé. La preuve en est évidente : les punitions se sont élevées à vingt-quatre pendant les six derniers mois, dans la classe générale ; pendant les trois derniers mois de la classe par familles, il n'y en a eu que deux.

Les chefs et sous-chefs s'intéressent d'autant plus aux progrès de leurs enfants, que les premières divisions de chaque famille composent entre elles tous les samedis. Les places sont données dans les classes générales le dimanche matin, en grand concours. C'est alors que la réunion de tous les colons dans cette salle, devient une *véritable solennité*, et qu'elle ajoute à *l'émulation sans développer l'envie.*

Depuis la fondation de notre établissement jusqu'à ce jour, *neuf colons* ont fini leur temps et se sont éloignés de Mettray comme d'une famille chérie; nous les avons facilement placés, et tous se sont bien comportés chez leurs patrons, même ceux qui s'étaient le moins bien conduits à la colonie, et qui avaient mérité le plus de punitions.

Nous devons rendre justice aux dignes jeunes gens qui occupent tous les grades indispensables à l'administration et à la direction de la colonie. Formés par nous, ils sont nos disciples affectueux, intelligents, dévoués: tous nés d'honorables familles, ils portent été comme hiver l'uniforme de toile blanche, ils acceptent le chapeau de paille et les sabots. Leur vie est une vie de dévoûment et d'humilité. Un chevron rouge est la seule marque distinctive de leur grade: ce grade est acheté par un rude noviciat, et ces jeunes gens reçoivent de nos mains ce modeste galon avec autant d'orgueil et de joie qu'un officier reçoit son épaulette; c'est qu'ils sont véritablement les officiers de la colonie, et tous les hommes spéciaux qui les ont vus à l'œuvre savent qu'ils comprennent leur mission! Voilà ce qu'après deux ans nous a valu notre école, dont quinze sujets figurent parmi nos fonctionnaires et nos employés.

L'affection des colons répond à la sollicitude et à la bienveillance de leurs chefs. Dernièrement, un de nos pères de famille fut contraint de s'absenter, dans l'intérêt de la colonie; vous ne pouvez vous figurer la tristesse de ses enfants à son départ, ni la joie que produisit son retour. Tous les colons de sa famille lui sautèrent au cou et l'entourèrent tellement qu'ils ne formaient plus qu'un groupe.

Nous avons vingt-cinq enfants sortants dans le cours de l'année 1842, et au placement desquels il nous faudra pourvoir; nous y parviendrons sans doute, avec le concours des gens de bien.

Il est encore quelques sujets difficiles avec qui nous avons jusqu'à présent peu réussi, et qui, ne voyant dans l'existence de la colonie que ce qu'elle a de pénible et de fatigant, *nous ont demandé à rentrer dans les maisons centrales*: ils nous disaient qu'ils n'étaient pas des ingrats, mais que, dans les maisons centrales, ils travaillaient dans des ateliers chauds et commodes; qu'au lieu d'outils rudes à manier, ils n'avaient à la main qu'une navette; qu'on avait là de bons habits de laine sur le corps, et de bons bas aux pieds, et qu'ils gagnaient pour salaire les deux tiers du prix de leur travail, tandis qu'à la Colonie on était puni pour la moindre chose, et qu'enfin on y était plus malheureux qu'en prison. Ne pouvant leur faire comprendre notre but, qui est leur réhabilitation, nous avons dû gémir et nous effrayer de nous voir demander comme une grâce la réintégration, ce dernier degré de notre échelle pénale. Craignant que ces enfants n'exerçassent sur leurs camarades une fâcheuse influence, nous les avons considérés comme étant sous le coup de mauvais conseils et de mauvais sentiments, et, pour les soustraire aux uns et aux autres, désespérant de faire apercevoir à de tels enfants l'avenir au-delà du lendemain, nous les avons fait mettre en cellule.

Il en est résulté pour nous un fait curieux : c'est que ce traitement, que nous avons rendu très sévère et qui aurait dû les exaspérer contre nous, a produit un effet tout opposé. Ces enfants, rendus depuis à la liberté, n'ont pas songé à s'évader, et se sont bien acquittés de leur devoir.

La Colonie compte aujourd'hui six maisons complètement achevées et garnies de leur mobilier. La grande classe, où nous réunissons tous les colons, est terminée et garnie de son mobilier. Au-dessus de cette salle se trouvent des logements d'employés; ces habitations sont achevées et habitées aujourd'hui.

La chapelle et le quartier de punition sont construits, le clocher seul n'est pas terminé (1) : le mauvais temps nous a forcé de l'interrompre.

Ces deux bâtiments, qui n'en font qu'un, et qui sont cependant parfaitement distincts, sont combinés de façon que, du quartier cellulaire, les enfants assisteront au service divin, entendront et verront le prêtre à l'autel, sans s'apercevoir entre eux et sans sortir de leur cellule.

Il résulte de l'expérience de l'année qui vient de s'écouler que le travail de nos enfants sera certainement *productif;* il ne faut cependant pas espérer qu'il devienne très lucratif, parce que nous sommes condamnés par la nature de notre institution, à faire continuellement des apprentis qui nous quittent, et que nous plaçons dès qu'ils sont devenus de bons ouvriers, c'est-à-dire au moment où ils pourraient nous couvrir de nos sacrifices et de nos avances. Mettray ne peut donc pas offrir de bénéfices,

(1) Il l'est aujourd'hui (Juin 1842).

pas plus qu'un hospice ou un hôpital; ce ne sont pas les maladies du corps que l'on y traite, mais celles du cœur : c'est une infirmerie d'âmes que nous avons fondée, et nous atteignons notre but.

Voulez-vous maintenant achever votre ouvrage? Permettez-nous de faire ouvertement un nouvel appel à vos généreux sentiments : aidez-nous à compléter Mettray. *Les trois quarts* de l'établissement sont faits : ce n'est plus une pensée qu'il s'agit d'encourager, c'est une grande œuvre qu'il faut accomplir. A une époque où l'on commence tant de choses sans les finir, honorons-nous d'avoir institué en deux ans , et achevé en trois, un établissement de premier ordre, dont vous verrez le pays et la *Société* recueillir les fruits.

Maintenant que nous avons, par l'organe des directeurs de Mettray, initié le lecteur aux procédés suivis et aux résultats obtenus par cette institution, nous pourrions en entreprendre dès à présent l'examen critique; mais, s'il est vrai que, pour juger en connaissance de cause les questions particulières, il faut s'élever d'abord jusqu'à la question générale, on nous permettra de reprendre notre thèse d'un peu plus haut. C'est, d'ailleurs le seul moyen de condenser notre travail et de mettre en évidence le lien qui unit l'essai de Mettray aux questions de réforme sociale, lien dont nous avons parlé précédemment, et qu'en général les critiques n'aperçoivent pas assez.

§ 4. **Des moyens de réforme et d'améliorations sociales.**

I.

Quand on examine d'un seul coup d'œil le mouvement des Sociétés humaines , il est facile de reconnaître qu'il existe deux méthodes ayant pour but la réforme, ou l'amélioration du corps social.

L'une bien connue, trop connue, hélas! et surtout trop souvent employée, s'empare du corps social tout entier, sur lequel elle opère aveuglément, par voie règlementaire, législative, modifiant l'Etat, remplaçant violemment le Pouvoir ou plutôt les individus assis au Pouvoir, et, sous prétexte de régénération intégrale et spontanée, compromettant l'existence même du corps qu'elle veut régénérer. — C'est la méthode *révolutionnaire*, méthode dont l'efficacité est contestée, dont les avantages et même la nécessité sociale sont l'objet de beaucoup de controverses, et dont les inconvénients et les dangers sont généralement admis.

L'autre méthode, peu connue encore, a bien en vue, comme la première, l'ensemble du corps social ; comme la première, elle veut en régler les mouvements généraux ; mais au lieu d'opérer, de prime abord, sur cet ensemble, en remaniant sans cesse la constitution politique, au lieu de s'exposer à mettre en péril les mouvements qu'elle veut ordonner, elle agit pratiquement par voie d'expérience locale, sur les éléments constitutifs de la Société, pour ensuite généraliser en parfaite connaissance de cause les bons effets qu'elle obtient, tout en se mettant en garde contre les mauvais résultats qu'elle est toujours à même de prévoir. — C'est la méthode *expérimentale*, méthode à laquelle, on ne peut refuser un grand caractère de prudence et de sécurité. A titre d'*Essai local* d'une institution nouvelle, la colonie de Mettray appartient à cette méthode, comme nous le verrons plus loin.

Il existe bien une troisième méthode, mais l'action en est peu étendue. Trop timide, ou trop impuissante pour envisager la Société dans son ensemble et dans ses caractères généraux, elle s'attache non à réformer, mais à pallier quelques vices particuliers, à venir au secours de quelques individus, à diminuer sur quelques points l'intensité du mal social ; elle suppose que les vices, les infortunes qui se révèlent au sein de la Société proviennent de causes isolées, indépendantes les unes des autres. Aussi, loin de procéder avec ensemble, loin d'agir sur la cause générale, elle n'a pas même en vue les causes particulières ; elle se borne à la médication des effets et à l'application de quelques topi-

ques. — C'est la méthode *philanthropique*, méthode néga-
tive dont nous pouvons ne pas nous occuper ici (1).

Si nous examinons dans leurs effets les deux méthodes
qui restent en présence, voici ce que nous observons :

La première ambitionne nécessairement le Pouvoir sans
lequel elle ne peut rien. Elle emploie pour s'en emparer ou
la force ou l'adresse, et quand elle y est une fois installée,
quand elle est en possession de l'autorité, elle est amenée
à s'y maintenir par la force, même lorsque le bien est son
seul but. En dépit d'elle-même, elle sacrifie des intérêts, elle
refoule, elle comprime des tendances légitimes : il le faut
bien, puisqu'elle n'a d'autre levier que le Pouvoir, et que
la Société dont ce Pouvoir est l'expression, est une Société
qui engendre la lutte, qui nécessite le Sacrifice et la Com-
pression. Cette méthode porte en elle le danger de la guerre
civile, de l'anarchie.

La seconde peut se passer du Pouvoir et de l'autorité. Ce
qu'elle veut, c'est se faire accepter et imiter ; cette imitation,
elle ne peut la déterminer qu'en produisant des résultats
supérieurs ; elle cherche donc à satisfaire toutes les tendances
légitimes, car elle n'a de chance de s'établir qu'à la condition
de réaliser des avantages corrélatifs à ces tendances. Quelques mauvais résultats qu'elle puisse produire, elle n'entraîne jamais à sa suite aucun danger pour la Société. La
Société peut se servir sans crainte de cette méthode dont les
fautes mêmes peuvent être profitables.

La première permet souvent à une minorité active et tur-

***

(1) Le lecteur ne doit pas oublier que dans une analyse rapide on ne
peut pas toujours dire toute sa pensée. Ainsi, de ce que nous reléguons
à un rang inférieur les efforts de la Philanthropie, il ne faut pas en inférer que nous condamnons absolument cette méthode. Personne au contraire n'honore plus que nous ceux qui en font usage, mais enfin nous
sommes bien forcé de reconnaître qu'elle n'a qu'une valeur secondaire,
qu'une efficacité très restreinte.

bulente d'imposer violemment ses lois à la majorité ; la seconde ne peut triompher que par la paix, par la persuasion, par la liberté. L'une commence par le faîte ; l'autre par la base. L'une est la méthode empirique, celle des Sociétés fausses et subversives ; l'autre est la méthode scientifique ; celle-ci ne peut être appliquée, dans l'ordre social, sans que l'Humanité entre en quelque sorte dans sa majorité ; — nous disons dans l'ordre social, car l'ordre industriel et scientifique n'en connaissent désormais pas d'autre, et la question est précisément d'appliquer aux choses de l'ordre social la méthode employée par la science et par l'industrie.

En réalisant une économie notable sur le combustible, Watt a provoqué, de la part de tous les possesseurs de machines à vapeur, l'emploi de sa découverte. Si, dans l'ordre social, une découverte venait à être expérimentée, qui obtînt sur les anciennes dispositions, sur les anciens systèmes de rapports des hommes entre eux, une supériorité évidente pour tous, et profitable à tous, il est clair que la Société s'empresserait d'adopter ce nouveau procédé social, sans bouleversement, sans révolution, même sans contestation.

Au reste, pour établir la supériorité absolue de la méthode expérimentale, il suffit de dire sur quel raisonnement cette méthode est fondée :

« Toute doctrine de réforme sociale postule un change-
» ment dans l'état de la Société.

» Or, l'état ou le système social, qu'une doctrine quelcon-
» que de progrès suppose, ne saurait évidemment, et dans
» la plus grande généralité, être réalisé sur le globe entier
» qu'à la condition d'être préalablement réalisé sur les
» continents, qui sont les grandes divisions du globe. De
» même, il ne saurait être réalisé sur un continent qu'à la
» condition d'avoir été réalisé dans les états dont un conti-
» nent se compose ; enfin, ce mécanisme social ne saurait
» exister dans un état qui est formé de COMMUNES qu'à la
» condition D'ÊTRE RÉALISÉ DANS CHACUNE DES COMMUNES DE
» CET ÉTAT.

» Il résulte de cette simple observation analytique que *le*
» *fait élémentaire et capital de la solution du problème*
» *social, pris dans sa plus grande généralité*, n'est autre
» chose que *la détermination des conditions de* l'ASSOCIA-
» TION *des individus, des familles et des classes* DANS LA
» COMMUNE, — élément alvéolaire de l'Etat et de la So-
» ciété (1). »

Cette donnée fondamentale du problème de la réforme
sociale, sur laquelle nous appelons toute l'attention du lecteur, ce point de départ tout nouveau constitue, dans l'ordre
des faits sociaux, une rénovation complète. C'est un *à priori*
qui s'impose à l'intelligence par la toute-puissante autorité
du bon sens.

Au premier abord, la marche, ainsi prescrite au Progrès,
paraît plus lente que la marche opposée ; mais il suffit d'y
réfléchir un instant pour reconnaître que cette marche est
à-la-fois plus courte et plus sûre. Elle est, d'ailleurs, la plus
logique, la plus rationnelle, la plus radicale : elle commence
par le commencement.

Et qu'on ne s'étonne pas de ce que cette marche si simple
a été trouvée la dernière. Dans toutes les branches des con-
naissances humaines, les méthodes fausses, compliquées,
opérant à rebours, ont toujours été produites avant celles
qui vont directement à la solution du problème. Avant la
chimie expérimentale on a eu l'alchimie ; avant l'astronomie
on a eu l'astrologie, etc., etc. La politique *empirique* devait
donc venir avant la politique *expérimentale*.

Cette dernière politique, les conservateurs et les progres-
sistes de toutes les nuances ont également intérêt à l'adopter,
puisque seule elle donne toujours raison à qui a raison. Elle
est, d'ailleurs, à-la-fois plus progressive et plus conserva-
trice qu'aucune des politiques usitées jusqu'à ce jour.

(1) *Dans de la Politique positive*, Manifeste de l'Ecole sociétaire,
pages 9 et 10.

En effet, si le système mis à l'épreuve produit de bons résultats, soit moraux, soit matériels, la Société s'en empare inévitablement; s'il en produit de mauvais, elle le rejette; elle est alors en état de juger; elle est certaine de ne pas prendre des illusions de progrès pour le Progrès véritable. Ajoutons que l'emploi de cette méthode a l'avantage de n'entraver en rien l'action législative et exécutive du Pouvoir, et qu'elle peut marcher parallèlement avec cette action. Disons, en outre, qu'en suivant cette méthode, la Société et le Pouvoir lui-même gagnent en sécurité, en stabilité. Du moment que le Pouvoir entrera dans la voie expérimentale, du moment qu'il donnera à la nouvelle méthode une place importante dans son programme gouvernemental, dans sa politique intérieure, nul ne pourra lui reprocher de se refuser systématiquement à tout progrès. Quant à la Société, elle sera prémunie contre les doctrines subversives et dangereuses, car ces doctrines montreront à nu leur impuissance ou leur immoralité; et, dès-lors, seront désabusés tous les hommes de bonne foi qu'elles égarent aujourd'hui au grand préjudice de la paix et de la prospérité publique.

Ainsi l'on conciliera deux faces de la vie sociale, jusqu'à ce jour inconciliées, savoir : les nécessités de l'Ordre et les légitimes exigences de la Liberté.

II.

Après avoir analysé les deux méthodes applicables à la réforme de la Société, après avoir établi la supériorité de la méthode expérimentale, il nous reste, avant de passer à l'appréciation de la colonie de Mettray, à distinguer deux modes de procéder dans cette voie.

L'un de ces modes embrasse tous les aspects de la question sociale, tous les problèmes qui se rattachent à l'Organisation de l'Industrie (1). Après avoir préparé le terrain de l'expéri-

(1) Le mot Industrie est pris ici dans sa plus large acception, comprenant tout ce qui rentre dans le domaine de l'activité utile et productive de l'Homme.

mentation, il s'y présente avec toutes les ressources dont la Civilisation peut disposer; il y appelle un certain nombre de familles composées d'individus de facultés et d'aptitudes diverses, dans le but d'y constituer, comme nous l'avons dit plus haut, *l'Association des individus, des familles et des classes dans la* Commune, élément alvéolaire de la Société.

Ce mode nécessite l'emploi d'un système et de moyens pratiques propres à réaliser un nouveau mécanisme social capable de remplacer avantageusement l'ancien. Il agit suivant des plans déterminés, dans un cadre d'opérations propre à recevoir une Unité sociale vivant de sa vie propre(1), et réalisant dans son sein l'accord, la bienveillance, l'harmonie entre tous les coopérateurs et pour les différents genres de travail domestique, agricole, manufacturier, commercial, scientifique, etc. Son but prochain est de créer un organisme social, un microcosme, où le bien soit la règle, le mal une exception de plus en plus rare. Pour produire ce résultat, il doit tenir compte de toutes les tendances légitimes du cœur humain; il doit donc placer les hommes dans des conditions tout autres que celles qui produisent aujourd'hui la malveillance et la lutte; il doit, enfin, en provoquant directement la production du bien, faire que la Société cesse peu-à-peu d'avoir à réprimer le mal. — Si l'expérience ainsi tentée réussit, elle gagne de proche en proche; et, de même que, dans l'industrie, une machine nouvelle donnant des avantages réels, détermine la construction d'une multitude de machines semblables, la Commune ainsi organisée sert de modèle, elle provoque l'imitation, elle envahit pacifiquement, elle transforme la Société tout entière: Rien ne saurait arrêter son action bienfaisante.

Le mode qui opère ainsi est le mode vraiment scientifique, procédant par voie intégrale préventive.

L'autre ou plutôt les autres modes n'embrassent qu'un ou

---

(1) Ce qui ne signifie pas que cette Unité reste sans relations avec l'extérieur.

plusieurs des aspects de la question sociale, et, partant, ne peuvent résoudre le problème de l'organisation des rapports sociaux. Les ressources dont ils font usage, le nombre et les aptitudes des individus qu'ils convoquent, leurs plans, leurs moyens pratiques, leur cadre d'opérations, rien de tout cela n'est complet au point de vue social. Ils opèrent le plus souvent sur une classe spéciale d'individus, sur un genre spécial de travaux. — Soit qu'ils sacrifient les tendances, même légitimes, qui viennent contrecarrer leur action, soit qu'ils essaient de donner un essor libre et régulier à ces tendances, soit qu'ils se bornent à en réprimer les effets sans chercher à en régir les causes, ces différents modes, agissant sur des éléments vagues et dans un cadre trop étroit, ne peuvent, sans sortir de leur cercle, créer l'Unité vivante, le microcosme social dont nous venons de parler. Loin d'envahir et de transformer la Société, en produisant directement le bien dans tous les ordres de relations, ils se bornent à l'améliorer sous quelques rapports, à l'amender dans quelques-uns de ses plus funestes résultats. Ils ne peuvent provoquer l'imitation générale, mais seulement la création d'un nombre, toujours limité, d'établissements analogues.

Les modes qui opèrent ainsi ont tous, plus ou moins, un caractère incomplet et répressif, et souvent confus.

Tout le monde reconnaîtra que le mode intégral, s'attachant à résoudre à-la-fois et directement les questions de production, de consommation, de distribution et de répartition, a, sur le mode partiel qui n'aborde ces questions qu'en tâtonnant et sans pouvoir tenir compte, dans la pratique, des liens qui unissent ces questions dans la théorie, toute la supériorité, tout l'avantage d'une solution générale sur une solution relative.

Toutefois, il ne faut pas confondre le mode local partiel avec les méthodes philanthropiques auxquelles nous avons assigné plus haut un rang secondaire.

La Philanthropie pure n'opère guère qu'individuellement (nous voulons dire sur des individus isolés), tandis que le mode partiel local opère collectivement. Il a donc sur la

Philanthropie tout l'avantage d'un mouvement d'ensemble sur des mouvements isolés. Il peut d'ailleurs se développer, s'élever même jusqu'au mode intégral, et c'est une faculté précieuse qui manque absolument aux procédés philanthropiques simples.

Et qu'on ne s'étonne pas de ce que le mode intégral n'a jamais encore été essayé, tandis que déjà l'on peut citer quelques exemples d'expérimentation du mode partiel. De même que les mauvaises méthodes précèdent toujours les bonnes, de même il est naturel que celles-ci soient expérimentées incomplètement, confusément, avant de l'être intégralement, scientifiquement. — En toutes choses l'Humanité procède ainsi. Avant de marcher dans sa brillante Destinée, il faut qu'elle la cherche à travers les ténèbres.

§ 5. **Examen critique de la Colonie de Mettray.**

I.

Il était nécessaire d'établir nettement ces principes généraux avant de passer au fait de Mettray. Mais, ces principes une fois établis, chacun est à même de déterminer le caractères primordiaux de cette Colonie. Ces principes sont une clef qui ouvre presque tous les secrets de l'analyse sociale.

Et d'abord, Mettray appartient évidemment à la méthode d'expérimentation locale, qui est la plus avancée dans l'ordre des progrès et des améliorations sociales. Mais cette méthode y est appliquée en mode partiel et répressif.

Ces caractères généraux étant déterminés, nous verrons clairement que les avantages de Mettray sont tous dus à son caractère d'expérimentation locale, tandis que les inconvénients découlent tous du mode partiel de cette expérimentation.

En premier lieu, nul doute qu'il fallût sortir du régime des prisons pour tenter l'*éducation* de ces petits parias de nos Sociétés civilisées, en vue desquels a été fondée la *Société paternelle ;* nul doute que, pour se ménager des moyens d'influence sur les idées et les habitudes de ces jeunes êtres déjà déviés, il fût indispensable de les réunir dans un même lieu,—seul moyen d'agir sur des masses avec ensemble, avec unité, avec profit.

Il fallait, en outre, donner aux jeunes détenus, sinon la liberté, du moins l'apparence de la liberté. Car comment pourrait-on préparer convenablement à la vie sociale, à la liberté sociale, des hommes dont l'éducation tout entière se ferait entre les quatre murs d'une prison ou d'un préau ?

Et comme la nature a donné à chaque homme des aptitudes diverses, il fallait bien offrir aux jeunes colons des occupations diverses, divers genres d'industries; il fallait, et c'est là une des pensées les plus fécondes des directeurs de Mettray, il fallait, tout en groupant les principales industries manufacturières, faire pivoter l'ensemble des travaux sur l'Agriculture, non-seulement parce que le travail des champs est plus salubre, et que les ouvriers de la campagne sont moins exposés aux miasmes démoralisateurs que les artisans des villes, mais parce que l'on multiplie ainsi les genres et espèces de travaux, et qu'enfin l'Agriculture est dans tous les pays et dans tous les temps l'industrie première, l'industrie de base.

Ainsi donc, sous le rapport de la santé, de l'éducation, de l'avenir de ces enfants, comme sous celui de l'emploi qu'ils seront appelés à faire de leur liberté, les avantages de Mettray sont incontestables, et ces avantages sont inséparables de la méthode d'expérimentation locale.

Mais ces avantages sont tout relatifs : ils ne sortent pas, pour ainsi dire, de Mettray. Quelque valeur que nous y attachions, nous mettons plus de prix aux avantages externes, à ceux qui sont d'un ordre plus général.

Ainsi, à nos yeux, il est de la plus haute importance d'édifier la Société sur la valeur et les conséquences possibles des expérimentations locales, d'habituer le public à ces moyens de réforme sociale si avantageux à toutes les classes, et de le bien convaincre de la parfaite innocuité de ces moyens. Or, si cette démonstration n'est faite par Mettray qu'en partie, en ce qu'on n'y poursuit pas une épreuve intégrale ayant directement en vue la transformation des rapports sociaux, d'un autre côté elle acquiert beaucoup plus de force si l'on considère que l'on a pu, sans danger de vol et presque d'évasion, appliquer aux travaux des champs une population dont les habitudes vagabondes et dévastatrices étaient naguère encore un fléau pour les villes et surtout pour les campagnes.

De même, il est de la plus haute utilité sociale de mettre à l'épreuve des faits ce dogme de la *perversité native de l'homme*, qui n'a que trop de partisans encore, dogme des plus funestes au Progrès, dogme impie au premier chef, et qui va droit à la négation de la Providence, dogme que, pour notre part, nous repoussons de toute la force de notre foi dans la puissance et la bonté de Dieu. — Or, si, pour tout homme qui voudra réfléchir, ce dogme est condamné déjà par l'expérience incomplète de Mettray; si, par la seule mise en pratique d'un système plus humain, plus prévoyant, plus bienveillant, sur des êtres atteints par ce dogme abominable; si, par un simple changement dans la condition sociale d'individus déjà plus ou moins pervertis, on a produit de bons effets, obtenu des élans généreux, de nobles impulsions, là où l'on n'attendait que des infractions, des actes pervers, des crimes, quel plus puissant argument peut-on produire en faveur des essais opérant sur des individus ordinaires, au moyen de méthodes plus complètes, et avec des ressources plus étendues?

Un autre avantage externe, mais qui, nous l'espérons, ne sera que transitoire, c'est la réaction que la Colonie de Mettray exerce sur le moral et sur les dispositions des enfants qui sont encore en prison; avantage bien réel, puisque nous

avons entendu dire à M. Demetz que, dans plusieurs maisons centrales, les jeunes détenus ont adopté une prière
pour demander à Dieu leur prompt envoi à la Colonie.

II.

Ces avantages, et ceux que nous pourrions énumérer encore, sont tels qu'ils contrebalancent, et bien au-delà, les
inconvénients, les lacunes que nous allons signaler. — Ces
inconvénients, d'ailleurs, sont presque tous relatifs, et ces
lacunes peuvent être comblées ; nous dirons comment.

Le premier inconvénient tient à ce que le succès de la
colonie repose, non point sur un système fonctionnant, se
soutenant de lui-même et se perpétuant *proprio motu*,
mais sur la capacité, l'intelligence de ceux qui en dirigent
et maintiennent l'activité. Sans doute, ces qualités se trouvent réunies à un degré éminent chez les Directeurs ac-
tuels ; mais quel plus grand inconvénient pour une institution que de dépendre de l'existence d'un ou de deux
hommes, et de pouvoir dégénérer par le fait de leur mort
On dira que M. Demetz saura bien laisser de dignes suc-
cesseurs. Nous le croyons ; nous espérons même qu'il trouvera des cœurs assez chauds, des volontés assez fermes,
des dévoûments assez ardents pour accepter ce digne hé-
ritage et pour continuer son œuvre, au risque de se séques-
trer comme il l'a fait lui-même, et de renoncer au monde.
Mais une institution est bien peu solide, qui compte sur le
concours d'individualités toujours fort rares. Il vaut mieux
s'appuyer sur les choses, et le mode d'expérimentation intégrale peut seul donner cette garantie.

Le second inconvénient, qui revient au premier, c'est que
Mettray n'est pas une institution permanente où les colons puissent vivre et se fixer. Ils y apprennent un métier,
ils s'y préparent à la vie sociale actuelle ; mais ils n'y sont
pas initiés, ils ne sont pas initiés à tous les dangers, à toutes les déceptions qui les y attendent ; c'est une école où

l'on s'efforce de leur faire perdre le souvenir des mauvais exemples qu'ils ont eus sous les yeux avant et pendant leur emprisonnement; c'est un asile où ils passent, d'où ils sortent, où ils ne peuvent demeurer. — Cela tient à la nature de l'institution; on ne peut y remédier qu'en touchant à l'institution même.

Mais voici une lacune, et cette lacune peut être comblée. Il y a à Mettray des ateliers; il y a des maîtres, qui sont les *pères de famille*, et des apprentis, qui sont les colons. Mais entre ces ateliers il n'y a pas de lien; mais entre ces maîtres et ces apprentis il n'y a d'autre solidarité que celle qui résulte du nom de *père de famille* donné au maître, qui a sur les enfants une autorité réellement paternelle (nom et autorité qui disparaissent pour eux dès qu'ils quittent la colonie); mais l'apprenti n'appartient pas toujours à la famille dont son maître est le père, et la *famille* est un cadre inflexible où l'on entre, non par association ou par affinité élective, mais par agrégation, par ordre de numéro. Jusqu'à présent, la coopération, le mérite de chacun n'ont pas été représentés par des chiffres; le registre des moralités seul en tient note; les enfants ne savent pas exactement leur valeur proportionnelle, ils ne connaissent pas leur part relative d'action; il leur manque une commune mesure; et le produit de chacun n'est ni déterminé ni lié à celui d'une masse; enfin, comme les industries ne sont point liées entre elles, il n'y a point de répartition équitable, point de répartition possible.

Et qu'on ne dise pas que nous avons tort de parler de répartition à propos d'une maison de bienfaisance, d'un établissement qui n'est pas encore productif, d'après l'attestation même des directeurs. Qu'il y ait, ou non, produit effectif, peu importe; n'y a-t-il pas proportionnalité de dépenses et de produits variant d'un colon à l'autre? Si le zèle ne peut être entretenu, excité par un chiffre positif, — celui du gain de chacun, — il peut l'être par un chiffre négatif, — celui du plus ou moins d'argent que chaque colon coûte en dernière analyse à la Colonie.

Jusqu'à ce moment, du moins, il n'y a d'autre intérêt, d'autre stimulant individuel, d'autre motif d'émulation que le plaisir moral de bien faire, la gloire d'être inscrit sur le tableau d'honneur. Cela est beaucoup, sans doute; mais pourquoi n'y pas joindre la création des intérêts collectifs? pourquoi ne pas reconnaître, pourquoi ne pas favoriser la tendance si naturelle aux hommes, et surtout aux enfants, de se grouper par catégories de métiers? Pourquoi, tout en évitant l'*esprit d'association* tel qu'il se manifeste dans les prisons, ne pas donner une place à l'essor vrai de l'esprit de corps, si capable d'exciter l'activité, les dévoûments, l'enthousiasme dans le travail, et les ralliements généraux?

Pourquoi, au lieu d'étudier les affinités caractérielles de ces enfants pour les rapprocher, s'étudie-t-on, au contraire, à éloigner les caractères similaires? C'est que l'on craint les résultats de ces rapprochements, les essors faux de ces sympathies; c'est enfin que, selon l'aveu des directeurs, *l'organisation du travail*, qui rendrait absolument impossibles ou infiniment rares ces faux essors, n'a pas encore reçu le développement pour lequel Mettray offre cependant des dispositions très favorables.

A la vérité, les directeurs ajoutent que la question morale devait être résolue la première.

Il est très louable, il est conforme aux statuts de poursuivre d'abord la question morale. Mais si aux mesures de moralisation purement pénitentiaires, si aux impulsions morales et aux moyens coërcitifs on avait joint des impulsions naturelles, en créant des Corporations industrielles, des distinctions graduées, une Hiérarchie; si, tout en agissant par la persuasion, aidée d'une sévère discipline, on avait admis en principe la *variété des fonctions*, variété dont les directeurs ont reconnu la nécessité, mais pour certains sujets seulement; si l'on avait permis à chaque colon de concourir alternativement dans plusieurs groupes de travailleurs, et doublé par ce moyen l'émulation et partant l'attrait dans le travail; en un mot, si l'on avait créé de toutes pièces un mécanisme propre à fonctionner seul, il nous semble que la morale et la religion et la discipline eussent trouvé là un puissant auxiliaire. — N'a-t-on pas constaté déjà les progrès et la bonne conduite que l'on a obtenus à la Colonie même, par l'emploi combiné, dans l'instruction, du mode mutuel et du mode simultané, de l'enseignement général et de l'enseignement par chambrée, et enfin, par le moyen du concours général hebdomadaire entre les premières divisions de chaque famille ? Ces dispositions, qui tiennent toutes à l'ordonnance hiérarchique, produisent, de l'aveu des directeurs, une véritable solennité, *ajoutent à l'émulation sans développer l'envie*, et diminuent les punitions dans la proportion de dix sur douze.

Si tous les travaux qu'on exécute à Mettray étaient ainsi distribués en groupes échelonnés, en séries hiérarchisées, en corporations rivales et libres, alors, loin d'appréhender le jour où 300 colons seront réunis à Mettray, — appréhension justifiée par ce motif que l'action des directeurs, en s'éparpillant sur chacun des 300 élèves, tendra à perdre de sa force, — on compterait avec raison sur la puissance même de l'organe que l'on aurait créé, et l'on reconnaîtrait avec joie qu'au moyen d'un tel organe, 300 colons sont bien plus faciles à conduire que les 160 qui composent aujourd'hui la population de la Colonie; et l'on reconnaîtrait avec bonheur que cet organe tend, par sa force propre, à diminuer de plus en plus le nombre des cas de punition, ou plutôt à leur substituer les cas de récompense; et qu'en rendant inutiles les cellules de correction, il permettrait d'étendre les bienfaits du travail libre à d'autres classes de détenus, à de véritables criminels.

Les directeurs de Mettray constatent, avec la bonne foi qui les caractérise, que plusieurs détenus ont demandé à être réintégrés dans les prisons d'arrondissement, et ils insistent pour que la sévérité du régime des prisons soit maintenue, renforcée même, afin que l'admission à Mettray soit considérée comme une faveur et une récompense.

C'est le raisonnement contraire qu'il conviendrait de faire.

Il ne faut pas dire : « Le régime d'une colonie agricole ne saurait être assez *sévère* par lui-même pour exercer une *intimidation* suffisante, si on n'avait en outre la crainte de la réintégration ; » il faut dire : « Le régime d'une colonie agricole doit exercer un *attrait* tel qu'on ne soit pas obligé de recourir à de nouvelles rigueurs au sein des prisons. » Il ne s'agit pas, en effet, de régir les prisons en vue de Mettray, mais d'organiser Mettray en vue de lui-même et de la Société ; il ne s'agit pas de rendre le séjour des prisons plus répugnant, mais de rendre plus attrayant celui de la colonie. Procéder autrement, ce serait faire aveu d'impuissance, et Dieu merci ! les directeurs de Mettray n'en sont pas réduits là. Mettray n'est encore qu'un embryon, mais cet embryon peut se développer ; il peut, si l'on en tire tout le parti possible, porter en lui les plus féconds enseignements ; très certainement, le jour où on le voudra, l'on pourra décupler l'attrait que les colons trouvent dans leurs travaux ; et la valeur, la supériorité pratique de cette institution en seront mille fois plus éclatantes.

Mais on voit bien que les directeurs en sont à cet égard aux tâtonnements, aux hésitations. Ainsi, après avoir constaté la nécessité des *occupations variées* pour exciter au travail les enfants les moins actifs, loin d'admettre que cette nécessité existe pour tous, à différents degrés, loin de chercher à utiliser au profit de la production et du bon ordre cet *amour du changement* qu'ils remarquent chez tous leurs colons, et qui est si général parmi les hommes, ils s'appliquent à le comprimer, ils se croient obligés de le *combattre à tout prix*. A vrai dire, c'est là une conséquence directe des méthodes qu'ils emploient, mais ce serait un contresens avec des méthodes plus compréhensives des besoins, des instincts, des vocations variées que la nature a donnés à chacun de ces jeunes êtres.

Puis, ailleurs, les directeurs se félicitent, nous ignorons pourquoi, de n'avoir point fait de *choses extraordinaires*, de n'avoir point eu recours à des *théories savantes*, à de *nouveaux systèmes*, à de *bizarres combinaisons*. Nous ne savons quelle allusion se dissimule sous ces expressions. Les directeurs mettent-ils donc sur la même ligne les théories savantes et les combinaisons bizarres? Ignorent-ils que les combinaisons bizarres (c'est-à-dire, extravagantes) ne sont point de la science, et que la Science ne paraît bizarre qu'à ceux qui ne la comprennent pas?—« On n'invente rien en morale, » ajoutent-ils. Nous le voulons bien.... « Heureux seulement qui peut trouver *les meilleurs moyens de la rendre praticable?* » — Oui, c'est là qu'est toute la question. Mais parce que l'Evangile et la religion et la discipline sont des moyens précieux, excellents, pense-t-on qu'on ne puisse rien ajouter à ces moyens qui n'ont pas suffi jusqu'ici, apparemment, pour *faire pratiquer la morale?* Et quand on reconnaît que *la Société est plus coupable envers les jeunes colons que ceux-ci envers la Société* (proposition qui renferme une accusation capitale contre la Société), ne sent-on pas que, lorsque les choses *ordinaires* de la vie sont si favorables à la production du mal, il faut faire des choses *extraordinaires*, si l'on veut produire le bien? Or, qu'est-ce que la Science peut donc avoir, *à priori*, de contraire et même d'étranger à la production du bien, autrement dit à la véritable morale? Ne serait-il pas plus exact de dire, en prenant pour exemple ce qui se passe à Mettray, que, hors des moyens scientifiques, hors des moyens nouveaux, on ne rencontre que difficultés et entraves? Et M. Demetz lui-même n'a-t-il pas reconnu, dans son premier rapport, que « la solution du problème qu'il s'est posé ne peut être obtenue par des moyens *ordinaires?* »

Nous insistons sur tous ces points, parce que cet assemblage vraiment bizarre de mots et d'idées hétérogènes semble prouver qu'il existe, dans l'esprit des directeurs, une confusion, une indécision et des contradictions fort regrettables, si elles sont réelles. Nous insistons, parce que, si MM. Demetz et de Bretignières ne veulent rien faire de plus qu'une maison de refuge plus parfaite que celles d'Amérique, ils y réussiront sans aucun doute par le seul secours de la *persuasion disciplinaire* et de la religion; mais si, comme on l'assure, et comme on peut l'inférer de quelques-uns des termes des rapports qui précèdent, les directeurs se proposent d'organiser à Mettray quelque chose qui puisse s'étendre à la Société tout entière, il est évident qu'il faut sortir des moyens expérimentés jusqu'ici, et qui n'ont pas empêché le mal de se produire ; il est évident enfin qu'il faut ajouter à l'enseignement religieux et aux moyens disciplinaires, des combinaisons, non pas bizarres, mais nouvelles, des dispositions scientifiques. Nous disons même que, si Mettray est supérieur aux établissements analogues d'Amérique, c'est précisément à cause de ce qu'il a de nouveau. Enfin, et pour ramener l'attention sur la question essentielle, — celle des *meilleurs moyens de rendre la morale praticable*, — si les directeurs de Mettray doutent que ces moyens se trouvent précisément dans le problème de l'*Organisation du travail*, qu'entendent-ils donc par ce mot ? Ce mot représente-t-il pour eux une idée claire, ou n'est-il à leurs yeux qu'une formule vague et insignifiante ?

Mais, dit-on, si déjà il y a danger pour nos enfants lorsqu'ils passent de la Colonie, où tout est prévoyance et affection, dans ce monde où ils vont trouver des dégoûts de tous les jours, des soucis de tous les instants, que sera-ce si l'on rend le séjour de la Colonie plus *agréable encore* ?... — Ceci prouve deux choses : que Mettray appelle un complément, et que tout se tient dans les réformes et les améliorations sociales. Eh bien ! la force même des choses amènera tôt ou tard ce complément, quand bien même vous ne feriez absolument rien pour le hâter. Ne vous arrêtez donc pas à cette difficulté, qui est propre à toutes les tentatives des époques de transition sociale. On vous dira aussi que vos enfants sont trop heureux, et que les mères indigentes, en voyant la vie douce et paisible que vous faites à ces pauvres petits, abandonneront les leurs dès que les colonies agricoles seront assez multipliées pour permettre d'y pacer tous les enfants abandonnés. N'écoutez pas ceux qui tiennent un pareil langage... — Pourquoi ? le voici.

L'objection, qu'on le sache bien, ne laisse pas que d'être grave. Nous savons qu'il est facile de s'en tirer en disant :

que Dieu a pourvu d'avance à cet inconvénient ; qu'il a
doué les mères d'un attachement trop vif, de sentiments
trop tendres et trop exaltés ; que, quelque dégradée, quelque
vicieuse que vous la supposiez, il faut encore qu'une mère
soit bien malheureuse, bien exposée aux privations, à la
souffrance, pour abandonner ou pervertir son enfant ; qu'enfin l'amour, ou si l'on veut l'égoïsme maternel est presque
toujours plus fort que les tentations de la misère et les éga-
rements du désespoir...

Tout cela n'est vrai qu'à demi. Le fait dont on vous menace
existe déjà, il est constant ; mais rassurez-vous ! ce n'est pas
l'établissement de Mettray, ce ne sont pas les douceurs que
vous y ménagerez à vos enfants, qui multiplieront sensiblement les exemples de ce fait. — Oui, malgré la force de la
passion maternelle, il est certain qu'à Paris, le nombre des
mères qui cherchent à faire entrer leurs enfants aux Jeunes
détenus, augmente à vue d'œil ; certaines mères emploient
leurs protections pour obtenir l'incarcération du garnement
qui leur coûte, et dont le caractère difficile les embarrasse.
Quant à celles qui n'ont pas de protections, elles font *vaga-
bonder* leurs enfants, afin qu'on les ramasse et qu'on les envoie à la Roquette. On doit même en convenir : à ne considérer que l'intérêt de l'enfant, les parents ont le plus souvent
raison d'agir ainsi, depuis, surtout, que les jeunes détenus de la Roquette, étant isolés les uns des autres, n'ont
plus à redouter, à leur sortie, qu'un camarade les recon-
naisse et décèle leur commun passage dans la prison. Aussi,
les ressources du peuple diminuant à mesure que s'atténuent
les inconvénients de l'incarcération, nous arrivons au moment où, dans les classes misérables, les parents auront ouvertement recours à toutes sortes d'expédients pour faire
ÉLEVER leurs enfants dans les maisons de correction , au
risque d'encombrer celles qui existent déjà, et de nécessi-
ter la construction indéfinie de maisons semblables.

Eh bien ! faut-il reculer devant ces faits ? faut-il les couvrir d'un voile ? faut-il se fermer les yeux de peur de les voir ?
Non ! il faut les regarder en face, il faut les reconnaître, il
faut les avouer. Bien plus, il faut s'en féliciter, puisque, sans

porter préjudice à personne, ces faits sont au moins profitables à quelques-uns.

Il faut s'en féliciter, parce que, ces faits devenant chaque
jour plus nombreux, le Pouvoir sera enfin mis en demeure
de les étudier, d'en rechercher la cause, de s'enquérir sérieusement du remède; et, comme il sera clair que ce remède ne peut résider dans l'établissement d'Institutions in-
complètes et répressives, on sera naturellement conduit à le
demander à des Institutions complètes et préventives, déve-
loppant le bien, empêchant le mal de naître. Il faudra bien
alors qu'on écoute la voix des hommes qui proposent d'appliquer, non pas à tel ou tel cas particulier, mais à la Société
tout entière, la méthode pacifique de l'*expérimentation locale intégrale.*

Quant à vous, par cela seul que vous poursuivez la solution
pratique d'un problème particulier, vous êtes condamnés à
soulever autour de vous une foule de questions d'ordre général; mais ces questions, il ne vous est pas commandé de les
résoudre, et vous auriez tort de vous arrêter devant elles. Ce
qui vous est commandé, c'est de chercher à améliorer votre
institution, de manière à lui faire dépasser la sphère où vous
l'aviez enfermée d'abord, de manière enfin à lui donner une
importance vraiment sociale.

III.

Avisez donc, avisez! Et d'abord cherchez à faire éclore
les Vocations véritables de ces enfants. Efforcez-vous de
résoudre ce problème, l'un des plus dignes d'occuper les facultés de l'homme, l'un des plus beaux que la nature ait
posés à la Société.

Quel plus admirable spectacle à donner au monde, à ce
monde qui non-seulement ne se prête pas à l'éclosion, au
développement régulier des Vocations, mais qui ordonne de
les comprimer, quel plus beau triomphe pour vous, que la
vue de ces petits enfants gravitant d'instinct vers les travaux
en rapport avec leurs aptitudes, rivalisant d'ardeur dans les

études auxquelles Dieu les appelle !... Ce spectacle, Mettray
ne l'offre pas encore, et ne l'offrira pas, tant que l'on s'étu-
diera à refouler, à comprimer, à combattre ce précieux besoin de changement, de variété, que Dieu a mis au cœur de
tous les hommes.

Aussi, à Mettray comme dans le monde, l'enfant est-il
le plus souvent forcé d'adopter un métier contre son goût,
au hasard. On le laisse bien choisir, ou plutôt on lui permet d'hésiter quelque temps ; mais s'il tarde trop à se décider, on le fixe par la contrainte à une fonction qui lui
déplaît plus ou moins, et à laquelle il doit consacrer toutes
les heures de ses jours, tous les jours de sa vie. Or, cette
contrainte, comme moyen d'action, et cette monotonie dans
la profession, sont ce qu'il y a de plus opposé à l'*Organisation du travail*, c'est-à-dire de plus contraire au bon emploi du temps, des forces et de l'habileté des travailleurs.

Donc, malgré notre sympathie pour le but et pour les
efforts des Directeurs, si l'on nous posait cette question :
« Quel service Mettray rend-il dans son état actuel, soit aux
colons, soit à la Société ? » nous répondrions : — Aux colons,
un service immense, précieux, incalculable, puisqu'ils y reçoivent les secours, les soins, l'éducation que ne leur donnaient pas, soit par négligence, soit par impossibilité, ceux
que la Société a préposés à ce soin : — A la Société, le service
de réconcilier avec elle des membres dont sa mauvaise constitution tendait à lui faire des ennemis très dangereux ; le
service plus grand encore de l'édifier sur la valeur des méthodes d'expérimentation locale, et de lui prouver la folie
de ses idées préconçues sur la *perversité native*. Quant au
fond même des questions sociales, quant aux améliorations
d'ordre général, Mettray ne sera utile à cet égard qu'autant
qu'il se développera sur une plus grande échelle, qu'autant
qu'il s'élèvera du mode partiel au mode intégral, ou qu'il
se combinera avec des institutions complémentaires. Jus-
que-là, et tant que l'on se bornera à réprimer les effets
sans remonter aux causes, tant que l'on n'appliquera pas
au développement des Vocations, à la solidarisation des di-

4.

verses industries, des méthodes analogues à celles qui cons-
titueraient *l'Association des familles et des classes au sein
de l'Unité sociale,* de la COMMUNE, on ne réussira qu'à
demi, on n'obtiendra pas de résultats sensiblement supérieurs à ceux du milieu social actuel, et, de plus, on tournera
dans un perpétuel cercle vicieux.

Cercle vicieux ! tel est le caractère de notre époque et de
tout ce qui, à notre époque, n'a qu'une valeur relative.
Pour en donner un exemple emprunté à la Colonie de Mettray, — après en avoir rapidement indiqué les inconvénients
internes, citons un seul cas pris dans les inconvénients externes.

Là, les enfants sont si bien soignés, si paternellement
élevés, si heureux, en comparaison des petits paysans des
environs, que le spectacle de ce bien-être éveille la jalousie
des voisins. Ils s'écrient : « Mieux vaudrait pour nos enfants
avoir été condamnés comme ces petits vauriens que d'être
restés honnêtes. Suffit-il donc d'être un garnement, un va-
gabond pour attirer la pitié des âmes charitables, et mériter
la faveur de l'éducation, d'un bon entretien et de l'appren-
tissage gratuit ? »—Certes, ici, le bon sens parle tout seul.....

Mettray a donc le même inconvénient que tous les pénitenciers, civils et militaires, d'où le condamné sort après
avoir appris un état et gagné un pécule dont se trouvent dé-
nués le manouvrier qui s'est toujours bien conduit, le soldat
qui a servi fidèlement sa patrie. Et cela se passe dans une
Société morale, ou pour mieux dire, *moraliste,* qui veut
qu'on exalte l'honneur, qu'on récompense la vertu, et que
l'on punisse le vice et le crime !

Si Mettray avait le caractère d'une Institution capable de
réagir sur le sort de TOUS, et aux avantages de laquelle TOUS
pussent être appelés à participer, on n'aurait point à subir
de ces arguments foudroyants. Tel est le sort de nos Sociétés
subversives. Faites le bien sur un point ; il en naît aussitôt
une injustice sociale. Ainsi Mettray, tout en édifiant la So-

ciété par suite de son caractère d'expérimentation locale, la scandalise par suite de son caractère incomplet et purement spécial.

IV.

Est-ce à dire que nous condamnions Mettray ? Est-ce à dire que nous condamnions tous les établissements philanthropiques ? A Dieu ne plaise! Nous nous plaignons uniquement qu'on fasse trop peu, et nous regrettons que le problème ait été posé et mis à exécution, jusqu'ici du moins, d'une manière trop restreinte, trop peu compréhensive.

Mais les résultats positifs qu'on a obtenus sont-ils de nature à être encouragés? nous répondons hautement: Oui! et même nous ne sommes en aucune façon surpris de ces résultats : nous avons toujours considéré comme illusoires les craintes qu'avait fait naître la première nouvelle de l'établissement d'une colonie de détenus.

Loin de condamner Mettray, nous l'exaltons, au contraire; et, tout en faisant nos réserves pour ce qu'on pourrait faire de mieux encore, nous déclarons que, dans l'ordre des choses expérimentales, c'est un des plus beaux résultats qu'on ait obtenus jusqu'à ce jour. Aussi, appelons-nous sur cette Colonie la sympathie de tous ceux qui s'intéressent au sort des classes les plus déshéritées de notre ordre social. Nous le disons avec les Directeurs : — Honneur à tous ceux qui ont apporté leur obole à cet établissement modèle! Honneur à M. le comte Léon d'Ourches! Ses 140,000 fr. fructifieront; ils sont noblement placés!

Quant à la conduite exemplaire des colons, quant à leurs sentiments d'honneur, à leurs traits de générosité, de grandeur d'âme, et même quant à la sincérité de leur repentir (quoiqu'on ne puisse en avoir la preuve certaine tant qu'on fait usage de la coërcition), nous y croyons sans difficulté. Ne savons-nous pas comme, avec des moyens bien simples, mais soutenus par un esprit de suite, de justice et d'unité on peut réveiller chez ces jeunes êtres l'amour de la Vérité, de l'Ordre ; comme, en faisant vibrer habilement certaines cordes intérieures, on excite, même par des doctrines abstraites, les grands élans de l'âme, même par des moyens factices, les sentiments de famille si doux, si nécessaires au cœur de l'enfant ? Ne savons-nous pas combien, en usant modérément et paternellement de son ascendant sur ces plantes encore flexibles, un homme austère et bon peut facilement les incliner au bien ?

Qu'on ne prenne donc pas pour un stérile esprit de critique le désir que nous avons de dire sur Mettray des choses et d'indiquer des améliorations, des développements, qui peuvent être, selon nous, profitables à cet établissement et, par suite, à la Société. — N'oublions pas, d'ailleurs, quand nous signalons des lacunes, n'oublions pas que Mettray en est encore, pour ainsi dire, à son début, et que c'est trop peu de cent soixante enfants pour appliquer pleinement le mécanisme dont nous avons fait entrevoir les bases. N'oublions pas enfin que les ressources des directeurs sont bornées ; qu'ils ont assumé sur eux une lourde responsabilité vis-à-vis de l'Etat, en prenant sous leur tutelle, pour les mettre en liberté, de petits prisonniers, détenus le plus souvent pour fait de vagabondage ; que des conditions leur sont imposées, qui les obligent à se prescrire à eux-mêmes des devoirs et une grande réserve ; et qu'en rompant dès le début avec les moyens usités, ils pouvaient exciter de vives réclamations.

Mais maintenant que Mettray a fait, comme pénitencier, toutes les preuves désirables, maintenant qu'il a donné toutes les garanties d'ordre, de sécurité, de bonne administration, le moment est venu de faire mieux encore et de développer par degrés cet excellent germe d'organisation industrielle et sociale.

§ 6. Développements, améliorations et compléments nécessaires.

Le point le plus faible de Mettray n'est pas à Mettray même ; il est à la sortie de la Colonie ; il est dans la grande officine de tous les vices, dans le grand réservoir d'où découlent tous nos maux : il est dans la Société.

A la Colonie, tout, du moins, est ordonné, réglé, disposé, prévu ; l'enfant y est sans inquiétude sur son existence matérielle. Mais, une fois hors de Mettray, que fera-t-il ? Résistera-t-il à l'action pervertissante du Milieu social ? Luttera-t-il avec avantage contre les soucis, les dégoûts qu'il doit rencontrer dans un monde où nul n'a de prévoyance pour tous, où tous n'ont de prévoyance pour personne ; dans une Société qui ne se croit pas obligée de ménager à ses membres du travail et des moyens d'existence, et qui, cependant, leur demande souvent compte de ces moyens ? — Voilà ce qui doit appeler toute notre sollicitude ; car ici la question prend de nouvelles proportions ; il ne s'agit plus seulement des colons élevés à Mettray, mais encore de tous les réclusionnaires libérés, mais surtout de tant de pauvres jeunes gens sans ressource, sans métier, sans protection, qui tous ont beaucoup moins de chances de succès, beaucoup moins de ressources que nos colons.

En effet, ceux-ci n'ont pas plus tôt passé le seuil de la Colonie qu'ils sont remis à la surveillance de patrons, surveillance dont l'action, limitée par les statuts à trois années, se poursuit nécessairement au-delà de ce terme. Education, puis patronage, telles sont les deux tâches que s'est imposées la *Société paternelle*. Ces deux tâches, en effet, se tiennent et se complètent l'une l'autre ; la première ne peut avoir d'efficacité réelle qu'autant que la seconde vient parfaire ce que la première a commencé. Après avoir, durant le séjour de ces enfants à la Colonie, suppléé, par des combinaisons quelconques, aux soins affectueux d'une famille, soins dont les petits malheureux étaient absolument privés, il est indispensable de leur continuer, au sein même de la Société dont ils vont être membres, la surveillance et la sollicitude qu'ils trouvent à Mettray.

Ces dispositions sont donc très prévoyantes, très paternelles. Mais, par malheur, l'action du patronage est toujours restreinte, précaire ; mais elle établit une subordination (bienveillante il est vrai) du client au patron ; mais elle ne constitue pas un droit fixé, assuré ; mais elle est susceptible de se relâcher très facilement.

D'ailleurs, quelque efficacité qu'on veuille attribuer aux efforts des Sociétés de patronage, en tant que s'appliquant, soit aux colons de Mettray, soit aux autres classes de libérés, il est sensible que ces Sociétés, par la nature même de leur but, voient leur bienfaisance limitée à un certain nombre, à une certaine catégorie d'individus, et qu'elles ne s'occupent en aucune façon de ceux qui auraient le plus besoin d'être patronés, secourus, de ceux qui sont le plus dignes de soulagements et d'appui, et dont elles ignorent les embarras et les souffrances, par la raison toute simple que ceux-là n'ont point failli.

Eh ! si l'on voulait bien chercher, n'est-ce pas précisément parmi ces derniers que l'on rencontrerait le plus de tortures et d'angoisses ?.... Mais ici la tâche s'élargit, elle cesse d'être individuelle pour devenir sociale. Or, voyons ce qu'a fait à cet égard la Société ? Dans sa préoccupation exclusive pour l'ordre et dans son imprévoyant dédain pour le sort des individus, la Société s'est bornée à des mesures toutes négatives. Sans parler ici des crimes et des délits contre les personnes ou contre les choses, elle a, par une mesure de prudence très plausible en elle-même, défendu le vagabondage et la mendicité. Par malheur, elle a oublié de donner aux vagabonds et aux mendiants les moyens, la possibilité de se conformer à ses prohibitions. Soit dureté, soit crainte de ne pouvoir suffire aux demandes, elle punit de leur infortune et de sa propre incurie les enfants et les vieillards que le dénuement, que la nécessité pousse à enfreindre la loi, — une loi que très souvent ils ignorent. Ne pouvant leur rendre justice en leur faisant une place au soleil, elle les emprisonne, elle les flétrit ; car les asiles ouverts à la vieillesse et à l'enfance, sous le nom de dépôts de mendicité et de maisons de correction, sont des espèces de bagnes où l'on n'entre guère qu'après avoir figuré sur les bancs de la police correctionnelle. — C'est ainsi que la Société exerce la charité !...

Mais, encore une fois, en dehors des mendiants et des vagabonds, n'y a-t-il donc plus d'affligés? ou plutôt les afflictions qui se cachent et se taisent n'en sont-elles pas mille fois plus poignantes? et pour ne point attrister les passants par des haillons ou de lugubres plaintes, en est-on souvent moins digne de secours et de pitié?...

Eh bien! en présence de toutes ces douleurs, en présence de tous les dangers qui en sont la suite, en présence de la pénurie sociale, et pour mettre fin aux combinaisons de la misère comme aux expédients des mères indigentes, le Pouvoir, au lieu de laisser aux particuliers le soin des innovations sociales les plus indispensables, le Pouvoir ne pourrait-il pas, ne devrait-il pas prendre ici une initiative glorieuse? Ne devrait-il pas procéder à la fondation de Colonies ayant le caractère de permanence, et où seraient reçus, sur leur demande, d'abord tous ceux qui sortiraient de Mettray ou d'établissements analogues, ensuite tous ceux qui, privés de parents ou chargés d'une nombreuse famille, seraient notoirement dans l'impossibilité de subvenir à leurs besoins; — de Colonies enfin où l'on pourrait tenter cette *Organisation du travail* que M. Demetz semble avoir en vue, et introduire dans les travaux cette variété, ces alternances qui en feraient disparaître généralement les répugnances et rendraient à la vie active, productive, réglée, heureuse, tant de gens qui ne sont oisifs ou turbulents que parce que le travail (quand ils trouvent du travail) est plein de dégoûts et de monotonie?

Quoi qu'il en soit, le branle est donné maintenant, et la charité de quelques hommes généreux est en train de suppléer à l'indifférence de la Société, à l'inertie du Pouvoir. Déjà elle s'occupe, à Mettray, des enfants que l'administration négligeait d'ÉLEVER, malgré le vœu de la loi; et voici qu'à Ostwald elle vient au secours d'une autre classe de nécessiteux.

Mais nous avons décrit Mettray. Parlons maintenant d'Ostwald.

§ 7. Colonie d'Ostwald.

Reconnaissance du Droit au travail.

I.

La ville de Strasbourg, comme tous les grands centres de population, entretenait à grands frais une maison de refuge. Voyant le budget de la ville obéré par les dépenses croissantes de cet établissement dont les inconvénients et l'insuffisance frappaient tous les yeux, une Commission, composée de membres du Conseil municipal, en avait proposé la suppression pure et simple.

M. Schutzenberger, maire de Strasbourg (dans un rapport qui a été imprimé, publié, et dont, à l'exception de la *Phalange*, pas un journal de Paris n'a dit mot, quoique, ou plutôt parce que ce rapport est rempli de vues réellement sages et fécondes *sur les causes du Paupérisme, et sur les moyens les plus convenables d'en prévenir et d'en corriger les effets*), M. le maire de Strasbourg, disons-nous, combattit la proposition de la commission municipale, dont le résultat inévitable eût été d'encombrer la ville de mendiants.

Dans ce rapport, M. Schutzenberger démontre d'abord que la Concurrence illimitée et sans règle, en conduisant droit au monopole des grands établissements, amènera la destruction progressive des classes moyennes; qu'elle est déjà le ferment de toutes les crises industrielles, la cause de l'instabilité de toutes les positions, et par suite celle du Paupérisme, cette lèpre des Sociétés modernes; il établit avec autorité que cette lèpre doit surtout être attribuée au *défaut de constitution de la Commune*, et que le remède est tout entier dans l'association des intérêts et dans l'Organisation de l'Industrie.

Cherchant ensuite les moyens les plus efficaces pour la solution du problème relatif à la maison de refuge, il reconnait explicitement la nécessité de rendre « les travaux *assez attrayants, assez variés* pour qu'un homme habitué au désordre apprenne à les aimer au point d'en contracter une habitude suffisante pour former contre-poids à ses mauvais penchants. »

Bref, après avoir montré qu'il a prévu et étudié les conditions du projet qu'il présente, et qu'il regarde comme *appelé à exercer quelque influence sur la solution de hautes questions sociales,* M. le maire de Strasbourg s'adresse en ces termes au Conseil :

« En conséquence, j'ai l'honneur de vous faire les pro-
» positions suivantes, dans lesquelles se résument les con-
» clusions de mon rapport :

« 1° De décider en principe que la Commune fondera une
» Colonie agricole, en remplacement de la maison de re-
» fuge.

» 2° D'autoriser dès à présent le maire à demander le dé-
» frichement de la forêt d'Ostwald (1), dont le terrain sera
» affecté à la colonie projetée.

3° De voter que les fonds provenant de la vente des bois
» de la forêt d'Ostwald, seront spécialement affectés jusqu'à
» due concurrence à l'exécution du projet dont vous aurez
» adopté le principe.

» 4° D'adjoindre à l'administration une commission spé-
» ciale, nommée dans votre sein, pour arrêter définitive-
» ment l'organisation de l'établissement, en vous réservant
» de voter sur les moyens d'exécution que l'administration
» soumettra à votre décision, après les avoir préalablement
» débattus avec votre commission. »

Les conclusions de ce rapport ayant été adoptées à l'u-
nanimité par le Conseil, M. Schutzenberger fut invité à provoquer immédiatement l'autorisation de défricher la forêt
d'Ostwald. Cette délibération fut prise le 23 décembre 1839.
— C'est une date à conserver.

Dès que M. le maire de Strasbourg eut triomphé des len-

(1) Appartenant à la ville de Strasbourg.

teurs administratives, il s'occupa de la réalisation de son projet. Ce projet est maintenant en cours d'exécution, et voici ce que nous écrivait dernièrement un témoin oculaire :

Je viens de visiter l'établissement agricole et manufacturier d'Ostwald, près de Strasbourg ; c'est une œuvre qui honore hautement l'homme qui en a conçu la pensée et lui acquiert des droits immenses à la reconnaissance publique. Les travaux y sont dirigés par une intelligence supérieure, et s'exécutent avec une rapidité qui étonne et mérite toute notre admiration ; une vaste étendue de terrain qui, il y a six mois, ne formait que des landes stériles et sablonneuses, est transformée aujourd'hui en terres productives ; déjà le blé, l'herbe, les pommes de terre y couvrent le sol d'une riche végétation ; des chemins ont été tracés à travers de charmantes plantations anglaises jusqu'au groupe des bâtiments de l'établissement ; le maire de Strasbourg, avec la supériorité de vues dont il est doué, a su allier avec un tact parfait l'élégant à l'utile ; il cherche ainsi à développer le sentiment du beau dans les âmes de ces pauvres gens que trop généralement on croit inaccessibles à tout sentiment élevé. Une chose digne d'être rapportée, c'est que tous les frais d'exploitation de la colonie ont été couverts jusqu'à présent par les bois et autres matériaux retirés du défrichement du terrain ; et ce terrain, qui rapportait à peine 300 francs, en rapporte maintenant déjà 3,000. Cela démontre clairement que si les hommes savaient tirer parti de toutes les terres incultes et non productives qui existent en France, le nombre des nécessiteux diminuerait de beaucoup, et le paupérisme pourrait enfin disparaitre entièrement. Dieu a donné aux hommes les moyens d'être heureux, c'est à eux de les employer et de s'en servir avec sagesse.

Les bâtiments de la Colonie d'Ostwald ne sont pas encore terminés ; la maison de la direction, qui occupe le milieu du groupe des bâtiments, est fort bien distribuée, et comprend le logement du directeur, la cuisine, les réfectoires, les caves ; des deux côtés de ce bâtiment sont placées les salles d'asile ou habitations des colons ; les écuries et étables sont construites pour la salubrité des animaux ; une vaste et superbe grange ferme le carré formé par ces bâtiments, et offre à l'œil un aspect très agréable. Bien que tout cela ne soit encore qu'un commencement, la haute valeur de cet établissement est déjà manifeste, et l'on ne saurait en contester l'avenir. Pourquoi tant d'hommes qui usent les forces de leur intelligence dans des luttes stériles, dans une polémique incapable de faire avancer l'Humanité dans la voie du Progrès, pourquoi ces hommes ne consacrent-ils pas tant d'efforts inutiles à faire arriver sur la terre cette ère de bonheur que chacun appelle de tous ses vœux? Pourquoi nos journaux, qui remplissent leurs colonnes de faits insignifiants, de critiques puériles, ne parlent-ils pas plutôt d'une œuvre grande et méritoire comme celle de la Colonie d'Ostwald, en donnant pour exemple à tous les administrateurs des intérêts publics, l'homme qui, comme M. Schutzenberger, a su comprendre les besoins du peuple, les véritables moyens d'améliorer son sort ? (Voir la *Phalange* du 22 avril 1842.)

II.

Sans que nous entrions ici dans l'analyse détaillée des méthodes que le directeur d'Ostwald emploie déjà ou de celles que la date récente de l'établissement ne lui a pas encore permis d'appliquer, on comprend que cette colonie, agissant sur des individus de tous les âges, qui y sont établis d'une manière permanente, est plus fortement conçue que celle de Mettray, au point de vue de l'Organisation du travail, et qu'en outre elle se trouve placée dans de meilleures conditions pour la solution de ce grand et difficile problème.

D'ailleurs, le peu que nous avons dit du rapport qui a provoqué la création d'Ostwald, prouve que M. Schutzenberger comprend vivement la nécessité de varier les travaux de ses colons. Ce n'est pas lui qui a peur de jeter de l'attrait et même du charme dans les opérations agricoles ou manufacturières ; il compte bien, au contraire, exciter chez ses travailleurs, autant du moins qu'il sera en lui, les rivalités, l'esprit de corps, en un mot, tout ce qui produit l'enthousiasme et les grands mouvements passionnés. C'est par là surtout qu'il compte montrer à ses contemporains une Institution *appelée à exercer quelque influence sur la solution de hautes questions sociales*. Et loin de se méfier des théories savantes, loin de déverser l'ironie sur les nouveaux systèmes, il leur empruntera, il leur a emprunté déjà tous les renseignements qui peuvent être de quelque utilité à son œuvre. Nous pensons même que, si on lui fournissait les ressources nécessaires, il n'hésiterait pas à faire passer son établissement du mode partiel au mode intégral.

Pour nous, nous appelons de tous nos vœux le jour qui doit éclairer cette grande expérience du procédé local intégral, car, si elle était suivie de succès, cette expérience ferait entrer, en peu d'années, nos Sociétés incohérentes et morcelées dans une phase supérieure, celle des *Garanties*, des *Solidarités sociales*. L'Humanité marcherait rapidement alors vers cette époque heureuse où chaque homme obtiendra enfin, dans la pratique, un Droit que la Société ne peut en bonne justice dénier à aucun de ses membres, le Droit de travailler, le DROIT DE VIVRE !

Une fois reconnu, une fois garanti par la Société, ce DROIT AU TRAVAIL, le premier, le plus sacré de tous les Droits que Dieu a donnés à l'Homme en le plaçant sur cette terre, serait à son tour le plus sûr garant de l'ordre public et de la stabilité des empires. Une fois que chaque intelligence aurait sa place, chaque bras son emploi, l'homme ne lutterait plus contre l'impossibilité d'exister, il ne se plaindrait plus de l'injustice, de l'incurie sociale, il ne pourrait plus dire, comme aujourd'hui, que ce ne sont ni sa tête ni ses bras qui manquent à la Société, mais que c'est la Société qui refuse de les utiliser; et l'esprit de révolte ne s'emparerait plus du malheureux; il ne tournerait plus contre l'ordre, contre les droits de ses semblables, ces bras et cette intelligence que Dieu a faits pour un tout autre usage.

Or, tel est le LIEN précieux, le lien fortuné qui unit intimement la Colonie de Mettray, et surtout celle d'Ostwald, à la réforme, à l'amélioration de la Société, au Progrès véritable.

Ostwald tend plus directement à cette réforme. Suffisamment développée, encouragée, secondée par les particuliers et par l'État, cette Colonie peut démontrer clairement qu'en organisant mieux, en faisant converger, en fixant à la production par l'attrait, ces mêmes forces sociales qui se perdent misérablement en cent efforts divergents et contraires, la Société, tout en recueillant la concorde au lieu de la

lutte, l'ordre à la place de l'anarchie, pourra garantir ef-
fectivement ce DROIT AU TRAVAIL qu'elle ne peut pas même
reconnaître aujourd'hui.

Quant à Mettray, naturellement moins extensible, il
pourra, tout en restant à l'état d'essai-miniature, fournir
des renseignements très utiles, très précieux, s'il veut pous-
ser plus loin les expériences sur l'Organisation du travail,
et s'il ne s'aheurte pas aveuglément contre ces moyens nouveaux qu'il invoquait hier, qu'il semble repousser aujour-
d'hui (1).

Ces enseignements, ces forces nouvelles, cet avenir si bril-
lant, la Société les devra-t-elle à de simples expériences sur
la réforme des prisonniers? Serait-il donné aux hommes
qu'elle flétrit aujourd'hui de devenir les instruments de sa
gloire et de sa prospérité future? Serait-il donné à ceux
dont elle redoutait avec raison les attaques, de servir aux
premiers modèles d'un Ordre tout nouveau? Ce sacrifice que
la Société leur fait subir depuis tant de siècles, ne l'auraient-
ils consommé que pour le salut du monde?... Ah! ce serait
une belle page à écrire dans nos fastes civils, un magnifique
épisode dans la vie des nations, un cantique sublime à la
louange de Dieu, que la page, l'épisode, le cantique im-
mortel qui diraient aux générations par quelle suite de
travaux les coupables ont racheté le monde, réhabilité
l'Homme, et élevé plus haut qu'on ne l'avait fait encore la
gloire de Dieu, en donnant la preuve de sa toute-puissance,
en entrant dans les voies de sa Providence universelle!

Résumé.

Il y a trois ans à peine, la Colonie de Mettray était une
utopie dangereuse aux yeux de quelques-uns, irréalisable

(1) Alors, Mettray serait un établissement véritablement social; tandis
que, s'il se renferme dans son caractère actuel, s'il ne dépasse pas la sphère
purement pénitentiaire, ce sera un établissement de charité qui n'aura pas
grande influence extérieure.

aux yeux de beaucoup d'autres. Mettray est réalisé; il existe, fonctionne, il dépasse toutes les espérances, même celles des Directeurs.

Que cet établissement ait causé de la stupéfaction à certains esprits, nous n'en sommes point surpris. Nous nous expliquons même les craintes que ce fait important a provoquées au milieu d'une Société tant de fois abusée par les jongleurs politiques ou les faux philanthropes, tant de fois victime du faux progrès, des fausses innovations. L'histoire de nos cinquante dernières années justifie à elle seule cette défiance et ces appréhensions.

Pour nous, nous n'avons jamais douté du résultat de cet essai. Le but immédiat que les fondateurs se sont proposé, nous avons toujours en foi qu'ils l'atteindraient. Ce n'est pas le succès que nous mettons en doute, ce n'est pas même l'efficacité, c'est l'étendue de cette efficacité. Les Directeurs ne se font pas d'illusion à cet égard; ils savent bien que cette efficacité sera toute relative tant que Mettray restera ce qu'il est maintenant.

Nous fondons de plus grandes espérances sans doute sur la Colonie d'Ostwald; elle est placée dans des conditions d'avenir plus favorables que celles de Mettray. Si l'on peut développer Ostwald, si, en opérant sur une plus grande échelle, on peut faire passer cet établissement du mode partiel, auquel ses ressources actuelles le condamnent, au mode intégral, on lui donnera une importance très grande, une importance vraiment sociale.

Telles qu'elles sont, ces honorables Institutions, et toutes les Institutions de ce genre ne sauraient donc être entourées de trop d'encouragements, de trop de sympathies, et parce qu'elles ne comportent aucun danger, et parce qu'elles sont un commencement de réparation envers les membres les plus sacrifiés du corps social, et surtout parce que, après être venue au secours de ceux qui ont transgressé ses prescriptions, la Société songera peut-être enfin qu'il est temps de venir en aide aux honnêtes gens. Il faudra bien alors qu'elle crée des Institutions de prévoyance, capables de garantir à tous ses membres le Droit de vivre en travaillant.

Qu'il nous soit permis de terminer par une citation qui fera mieux ressortir notre pensée. — Dans *Valérie*, le comte de Halzbourg, apprend qu'un aveugle est dans la cour du château, demandant l'aumône au milieu d'autres mendiants. Il remet de l'or au valet et lui ordonne de donner tout à l'aveugle. Le valet, qui se nomme Ambroise, se ravise un instant ; puis il se décide à distribuer aussi un peu de cet or aux autres pauvres, en réfléchissant que « ce n'est pas leur faute s'ils ne jouissent pas des mêmes avantages personnels. » — MM. Demetz et de Bretignières d'une part, M. Schutzenberger de l'autre, ont déjà agi comme le généreux comte de Halzbourg. Puisse la Société faire bientôt le même raisonnement que le bon Ambroise !

FIN.

www.ingramcontent.com/pod-product-compliance
Lightning Source LLC
Chambersburg PA
CBHW070933280326
41934CB00009B/1854